D1932140

Der Feierabend-Gärtner

Carolyn Hutchinson

Der Feierabend-Gärtner

Gartenpflege schnell und einfach – Profi-Tipps für alle Jahreszeiten

Bechtermünz

Titel der Originalausgabe
The Once-a-Week-Gardener
Zuerst veröffentlicht 1999 in Großbritannien
von Mitchell Beazley
Mitchell Beazley ist ein Imprintverlag von
Octopus Publishing Group Limited
2 – 4 Heron Quays
Docklands
London, E14 4JP

Deutsche Erstausgabe

Copyright © für den Text 1999 by Carolyn Hutchinson
Copyright © 1999 by Octopus Publishing Group Limited
Copyright © der deutschen Übersetzung und
Ausgabe 2001 by Weltbild Verlag GmbH, Augsburg
Produktion der deutschen Ausgabe:
Thomas Heider DTP, Bergisch Gladbach
Lektorat und Redaktion: Alison Starling, Vivienne Brar,
Michèle Byam und Ann Barrett
Design und Layout: Graham Jenks und Helen Taylor
Bildrecherche: Jenny Faithfull
Illustrationen: Ian Sidaway
Übersetzung: Brigitte Rüßmann und
Wolfgang Beuchelt, Scriptorium Köln
Umschlaggestaltung: Külen und Grosche DTP, Augsburg
Umschlagmotive: GartenBildAgentur Strauß, Au/Hallertau
Gesamtherstellung: Toppan Printing Co (HK) Ltd

Printed in China

ISBN 3-8289-1610-4

Alle Rechte vorbehalten. Dieses Buch darf nur
nach vorheriger schriftlicher Zustimmung des
Copyright-Inhabers vollständig bzw. teilweise
vervielfältigt, in einem Datenerfassungssystem
gespeichert oder mit elektronischen bzw.
mechanischen Hilfsmitteln, Fotokopierern oder
Aufzeichnungsgeräten bzw. anderweitig
weiterverbreitet werden.

Inhalt

Einführung

Gartenarbeit macht eigentlich Freude und ist ungemein befriedigend, aber wenn man beispielsweise durch Familie und Beruf viel beschäftigt und gefordert ist, kann die zusätzliche Pflege des Gartens auch schnell zu einer Überforderung werden. Doch das muss nicht sein. Ob Sie das Gärtnern um seiner selbst willen lieben oder es für Ihre Entspannung brauchen, Sie werden anhand dieses Buchs feststellen, dass Gärtnern viel einfacher und wesentlich weniger zeitaufwändig ist, als Sie denken.

Richtiges, sinnvolles Gärtnern ist nicht schwierig und wird mit schönen Ergebnissen belohnt.

Alle Projekte beschreiben grundlegende Arbeiten und lassen sich auf Gärten aller Größen, Formen und Stile anwenden. Sie sind nach Jahreszeiten geordnet, so dass Sie auf einen Blick sehen können, was zu einer bestimmten Zeit zu tun ist.

Die Fülle der Aufgaben in den verschiedenen Jahreszeiten mag zunächst entmutigend wirken, aber Sie müssen sie ja nicht alle auf einmal erledigen. Die Zahl der Ausrufezeichen am Anfang jeder Aufgabe verrät Ihnen die Wichtigkeit der Tätigkeit: Sie sollten sich zu Beginn jeder Jahreszeit die Aufgaben ansehen und sich so Ihre Gartenarbeit einteilen. Bei den wirklich unerlässlichen Arbeiten finden Sie immer auch eine Erklärung, warum sie so wichtig sind. Schließlich soll die Anstrengung ja auch gerechtfertigt sein.

Für jedes Projekt wird der geschätzte Zeitaufwand angegeben, so dass Sie sich Ihre kostbare Zeit einteilen können. Sie werden erstaunt sein, wie viel Sie in recht kurzer Zeit im Garten erledigen können.

Viele der Schritt für Schritt erklärten Projekte enthalten auch Tipps zur Zeitersparnis. Allerdings gibt es auch Arbeiten, die einfach von Natur aus mühselig sind und sich nicht beschleunigen lassen. Denken Sie daran, dass Sie durch gründliche Arbeit von Anfang an auf lange Sicht viel Zeit sparen – so ist zum Beispiel die richtige Bodenvorberei-tung für das Auslegen von Rollrasen schwierig, aber sie schützt auch vor Problemen, die später evtl. mit viel Aufwand behoben werden müssen. Folgen Sie gleichermaßen den Anleitungen zur richtigen Pflanzmethode, um Ihren Pflanzen einen guten Start zu ermöglichen. Wenn Sie hier Fehler machen, werden Sie sich später mit viel Ärger durch kranke Pflanzen plagen.

Das Pflanzenverzeichnis am Ende des Buchs präsentiert Pflanzen, die mit wenig Aufwand erfolgreich gepflanzt werden können. Wenn Sie den Empfehlungen zu Standort und Boden folgen, werden Ihre Pflanzen gut angehen und Sie sparen erneut Zeit, Ärger und Kosten. Eine sonnenliebende Pflanze wie die Säckelblume etwa wird im Schatten verkümmern, während andere ebenso schöne Sträucher wie der Pfeifenstrauch und die Mahonie gedeihen. Auch werden Rhododendren niemals in einem alkalischen Boden gedeihen. Es funktioniert nur, wenn Sie Ihre Pflanzen an den richtigen Standort setzen und mit Ihrem Boden arbeiten und nicht gegen ihn.

Gärtnerei ist eigentlich nicht geheimnisvoll – jede Arbeit besteht aus einer einfachen Abfolge von Arbeitsschritten. Wenn Sie sie befolgen, werden Sie erstaunt sein, wie einfach Gartenpflege sein kann. Die Pflanzen werden gesund sein und Ihnen kaum noch Zeit rauben – genau das Richtige für einen Feierabendgärtner.

SAISONALE ARBEITEN

Diese Tabelle zeigt Ihnen alle saisonalen Arbeiten, die auf den Seiten 14–123 detailliert beschrieben werden, und nennt auch die Aufgaben, die zu anderen Zeiten erledigt werden können. So ist die wahrscheinlich beste Zeit für das Auslegen von Rollrasen Mitte des Frühjahrs, es kann aber auch im Herbst geschehen. Sie müssen eine Aufgabe nicht innerhalb einer bestimmten Jahreszeit beenden – wenn Sie etwa in einer kälteren Gegend leben, können Sie Arbeiten wie das Einpflanzen und Aussäen im Frühjahr auch verschieben, während Sie sie in einer wärmeren Region schon früher erledigen müssen.

ZEITIGES FRÜHJAHR

Robuste Mehrjährige, Mauersträucher und Kletterpflanzen (auch im Herbst möglich) setzen; außerdem kleine Alpinpflanzen in Mauern und Spalten pflanzen
• Die Deckschicht in Steingärten erneuern
• Beetpflanzen düngen und mulchen
• Sträucher, die am diesjährigen Holz blühen, beschneiden, z. B. Spierstrauch, Rosen (großblütige, dicht blühende, Miniatur, Bodendecker), Hartriegel (*Cornus*), Eukalyptus, Geißblatt (*Lonicera*), immergrüne Kletterpflanzen

FRÜHJAHRSMITTE

Hohe krautige Stauden im Frühstadium stützen
• Zwiebel- und Knollenpflanzen nach der Blüte beschneiden und düngen und absterbendes Blattwerk entfernen
• Hecken regelmäßig stutzen
• Überwucherte immergrüne Hecken jetzt verjüngen (laubwechselnde im Spätwinter)
• Immergrüne Sträucher und Koniferen in Form schneiden
Im Kübel gezogenen Bäume und

SPÄTES FRÜHJAHR

Laubwechselnde Sträucher wie Johannisbeere (*Ribes*), Forsythie und Kerria nach der Blüte zurückschneiden
• Beetpflanzen nach Wuchsfreudigkeit, Wurzelbildung, Schädlingsbefall und Krankheiten auswählen
• Beetpflanzen in geeigneten Boden aussetzen
• Teich mit Randbepflanzung, Sauerstofferzeugern wie Elodea und Wasserlilien (*Nymphaea*) bepflanzen
Teichpflanzen wie Schwert- und

FRÜHSOMMER

Regelmäßig verwelkte Rosenblüten entfernen, um weitere Blüte zu fördern
• Frühe großblütige Clematis wie »Nelly Moser« oder »The President« beschneiden, um eine kleinere Blüte im Herbst zu fördern
• Frühe Clematis wie *Clematis armandii* und *C. alpina* beschneiden
• Durch die Verwendung von Wasser-

HOCHSOMMER

Abgeblühte Staudenblüten für eine zweite Blüte auslichten
• Rosen nach der ersten Blüte düngen
• Mit Mulchen oder Pflanztopfreservoirs empfindliche Pflanzen feucht halten
• Kletterpflanzen stützen und regelmäßig beschneiden
• Sommersträucher wie Deutzie, die auf dem Holz des Vorjahres blühen, zurückschneiden (*Ribes* im Spätherbst)
• Teich reinigen und überwucherte

SYMBOLSCHLÜSSEL

Beete, Rabatten, Teiche
Vermehrung
Töpfe und Kübel
Rasen
Küchengärten
Schädlinge und Krankheiten

Wichtigkeit der Tätigkeit
!!! hoch !! mittel ! niedrig

ungefährer Zeitaufwand
■ Arbeit kann auch in einer anderen Jahreszeit ausgeführt werden

---

(wie bei laubwechselnden Kletterpflanzen im Winter).
• Einjährige in Beete säen
• Stauden teilen (kann auch im Spätherbst erfolgen)
Viele Kletterpflanzen und Sträucher durch Ablegen vermehren

• Basalstecklinge von robusten Mehrjährigen abnehmen
Überwinterte Kübelpflanzen wie Geranien umtopfen
• Gepflasterte Bereiche reinigen
• nicht robuste Beetpflanzen Gemüse im Haus einsäen

Rasen rechen und belüften sowie eine Deckschicht zur Bodenverbesserung ausbringen
Die ersten winterharten Gemüse im Garten aussäen

Sträucher düngen und umtopfen; reifen Pflanzen neue Deckschicht geben
Mit regelmäßigem Rasenmähen und Kantentrimmen beginnen
• Boden bei Bedarf für Rollrasen und Rasensaat vorbereiten

• Neuen Rasen aus Rollrasen oder Saat jetzt oder Mitte Herbst anlegen
• Kahle Stellen im Rasen nachsäen, Unebenheiten ausgleichen und Kanten jetzt oder im Herbst reparieren
Die ersten Pflanzen im Gemüse-

hochbeet säen und einsetzen
• Frühkartoffeln unter Folie, loseblättrige Salate und Karotten pflanzen
• Zarte junge Gemüsepflanzen vor Spätfrösten schützen
• Im Topf gezogene Kräuter umtopfen

Wasserlilie vermehren
• Grünholzstecklinge von vielen Sträuchern und Kletterpflanzen abnehmen
Töpfe, Kübel und Blumenkästen für die Sommerblüte mit Beetpflanzen bepflanzen

• Blumenampeln, -türme und -säcke bepflanzen
Rasen mit Düngergranulat oder Flüssigdünger düngen. Dies muss unter Umständen Mitte Herbst wiederholt werden

• Weiterhin Rasen mähen und Kanten trimmen

---

fässern und Sickerschlauch sowie gezieltes Gießen von Hand Wasser sparen
Verfilzte Frühjahrszwiebeln trennen, wenn die Blätter welken

Kübelpflanzen regelmäßig auslichten, wässern und düngen
Obst und Gemüse für die Ernten des Spätsommers und Herbstes in Pflanzsäcke einsetzen

Regelmäßig den Rasen mähen und die Kanten trimmen

Sauerstofferzeuger ausdünnen
• Schösslinge von gepfropften Pflanzen und Baumbasen entfernen
Halbreife Stecklinge von Sträuchern und Kletterpflanzen abnehmen
• Stecklinge in Wasser wurzeln lassen

Bewässerungssystem für die Terrasse installieren, wenn das Gießen von Hand zu mühsam wird
• Permanente Kübelpflanzen düngen
Rasen gründlich wässern, Rasenmähermesser höher stellen und

Grasfangkorb entfernen, um den Rasen für Trockenheit zu bewahren
Nutzpflanzen vor Schädlingen schützen
• Apfel und Birnbäume beschneiden
• Kräuter abernten und trocknen

SAISONALE ARBEITEN

SPÄTSOMMER

Glyzinen beschneiden und neue Pflanzen erziehen (die zweite Stufe des Beschnitts und der Erziehung von Glyzinen erfolgt im späten Winter)
• Rankrosen nach der Blüte zurückschneiden; neuen Wuchs einbinden
• Zäune und andere Holzbauten reparieren und mit Holzschutz streichen
• Losen Mörtel in Mauern ersetzen
Kübel für die Abwesenheit im Urlaub vorbereiten: auslichten, gegen

HERBSTANFANG

Rabatten durch Auslichten abgeblühter Pflanzen und Entfernung von Pflanzenabfällen und überflüssigen Stützen säubern; nackten Boden leicht harken
• Im Kübel gezogene Bäume und Sträucher bis Spätherbst einpflanzen
• Zwiebel- und Knollenpflanzen für das Frühjahr in den nächsten Wochen und Tulpen bis Mitte/Ende Herbst einsetzen
Zwiebel- und Knollenpflanzen für das Frühjahr in den nächsten Wochen und Tulpen bis Mitte/Ende

HERBSTMITTE

Hohe Sträucher wie Rosen und Buschmalve zurückschneiden, um Sturmschäden zu vermeiden
• Immergrüne Sträucher und Koniferen nach Bedarf umsetzen
• Clematis zum Bewachsen von Bäumen tiefer einsetzen als sie im Topf saßen
• Robuste Mauersträucher, Kletterpflanzen und robuste Stauden bis zum Spätherbst einpflanzen, wenn dies nicht schon im Frühjahr geschehen ist
• Kletterrosen nach der Blüte zurückschneiden und neuen Wuchs anbinden

SPÄTHERBST

Vorkehrungen zum Schutz der Pflanzen und Gartenbauten vor Winterstürmen treffen
• Wurzelnackte Bäume einsetzen und gut stützen
• Wurzelnackte Rosen einsetzen
• Ruhende laubwechselnde Sträucher zwischen bis zum zeitigen Frühjahr umsetzen (wie bei immergrünen Sträuchern zur Herbstmitte)
• Garten säubern: Alle welken Blatttriebe krautiger Pflanzen und Pflanzenabfälle von Wegen und Terrassen entfernen
• Vogelfutter auslegen und Nistkästen aufhängen, um Vögel als Schutz gegen winterharte Schädlinge in den Garten zu locken

WINTER

Laubwechselnde Kletterpflanzen im Frühwinter in Form schneiden und verfilzten und unerwünschten Wuchs entfernen
• Heckenpflanzen nach gründlicher Bodenvorbereitung im Frühwinter setzen
• Spät blühende Clematis wie »Perle d'Azur« im Spätwinter hart zurückschneiden
• Die zweite Stufe des Rückschnitts und der Erziehung von Glyzinen im Spätwinter ausführen
• Neu gepflanzte Hecken für einen buschigen Wuchs stutzen
• Im Spätwinter laubwechselnde

Schädlinge schützen und an einen schattigen Ort stellen oder ein Bewässerungssystem installieren

Ernteerträge durch regelmäßiges Düngen, Mulchen und Abernten erhöhen

• Erdbeeren für das nächste Jahr pflanzen

Weiterhin Rasen mähen und Kanten trimmen

• Bei längerer Trockenheit die selben Maßnahmen ergreifen wie im Hochsommer (gründlich wässern, höher mähen als normal, etc.)

Herbst in Kübel setzen

• empfindliche Stauden wie Geranien ins Haus holen; umtopfen, zurückschneiden und überwintern

Rasen in gut vorbereiteten Boden einsäen

• Kahle Stellen nachsäen und Unebenheiten im Rasen ausgleichen, wenn dies nicht schon Mitte Frühjahr geschehen ist

• Weiterhin Rasen mähen und Kanten trimmen, bis der Wuchs später im Herbst oder im Winter nachlässt

Gartenkräuter wie Minze und Schnittlauch eintopfen und für den Verbrauch im Winter ins Haus bringen

• Winterkohl vorzugsweise an einem offenen, sonnigen Standort in freie Bodenflächen setzen

---

• Steingarten von Herbstlaub, welken Blüten und totem Blattwerk säubern

• Abgestorbene oder absterbende Blatttriebe von Teichpflanzen abschneiden und regelmäßig fallendes Laub entfernen oder den ganzen Teich mit dem Netz abfischen

• Samen sammeln und aufbewahren

• Pflanzenabfälle kompostieren, häckseln oder zur Verbesserung in den Boden graben

• Garten- und Küchenabfälle im eigenen Komposter kompostieren

Sträucher bis Spätherbst durch Ablegen vermehren, wenn es nicht schon im Frühjahr geschehen ist

Kübel mit farbenfrohen Winterpflanzen bestücken

Beschädigte Rasenkanten reparieren

• Rasen pflegen

• Bis zum Spätherbst Rasenflächen aus Rollrasen oder Rasensaat anlegen

• Rasen evtl. düngen

• Die Anlage des Gartens überprüfen und kleinere Änderungen wie eine andere Form des Rasens planen

• Herbstlaub einsammeln und kompostieren

• Boden für neue Rabatten und Küchenbeete durch gründliches Umgraben und Einarbeiten von organischem Material vorbereiten

• Gartenpflanzen mit Glocken und Vlies vor Frost und Schnee schützen und eine Teichheizung installieren, wenn Fische im Teich sind

Überwucherte Gruppen von robusten Stauden wie Fackellilie (*Kniphofia*) teilen

• Hartholzstecklinge von Bäumen, Sträuchern und Kletterpflanzen abnehmen

Lilienzwiebeln für den Sommer in Kübel pflanzen

• Kübel und Kübelpflanzen gegen Frost schützen

Ein Gemüsehochbeet anlegen

Hecken auf die gleiche Weise zurückschneiden wie immergrüne in der Frühjahrsmitte

• Unausgewogenen oder unerwünschten aufrechten Wuchs aus hängenden Bäumen schneiden

• Bei Bedarf Baumäste sauber abschneiden

• Bei mildem Wetter weiterhin wie im Spätherbst robuste Stauden teilen

• Alle Kübel und Pflanztabletts reinigen. Rasenmäher reinigen und ölen und Werkzeuge reinigen und schärfen

• Holzmöbel mit Teaköl oder Holzschutzmittel behandeln, Kunststoffmöbel säubern und Rost von Metallmöbeln entfernen

Neu gepflanzte Apfel- und Birnbäume für einen verzweigten, offenen Wuchs zurückschneiden und gut angewachsene Bäume routinemäßig zurückschneiden

FRÜHLING

ZEITIGES FRÜHJAHR

Das erste zarte Grün ist das Zeichen, dass der Garten endlich aus dem Winterschlaf erwacht. Nun sollte auch der Gärtner aktiv werden und einige wichtige Aufgaben in Angriff nehmen. Ganz wichtig ist das Düngen und Mulchen und die Vervollständigung von Pflanzungen. Auch der Rasen wartet jetzt auf eine gründliche Bearbeitung. Viele Sträucher müssen jetzt zurückgeschnitten werden, um Form und Fülle zu erhalten, und eine Vielzahl von Pflanzen kann nun aus Samen gezogen werden. Es gibt viel zu tun, darüber hinaus ist es auch eine schnelle und leichte Arbeit für einen schönen Frühlingstag.

▲ *Das Aussetzen von Stauden (hier eine Funkie) ist eine wichtige Arbeit im Frühling.*

WINTERHARTE STAUDEN SETZEN

!!! 5 MINUTEN PRO PFLANZE

- **Stauden liefern das ganze Jahr über Blüten und schöne Blätter**
- **Einmal eingesetzt, benötigen sie nur noch wenig Pflege**
- **Viele tolerieren schwierige Bedingungen wie trockenen Schatten**

Als Stauden bezeichnet man alle nicht holzigen Pflanzen, die das ganze Jahr über im Freien wachsen können. Sie können laubwechselnd sein und im Winter absterben – wie zum Beispiel Rittersporn und Funkie – oder auch immergrün, wie Nieswurz und viele Farne. Stauden belohnen ein Minimum an Pflege mit vielen Monaten schöner Farben und Formen. Durch das frühe Aussetzen können sie anwachsen, bevor das trockene Wetter einsetzt und zartere Stauden wie Bartfaden können abhärten, bevor sie ihren ersten Winter durchstehen müssen.

■ Wenn ein Aussetzen im Frühjahr nicht möglich ist, kann dies auch Mitte bis Ende Herbst geschehen.

TIPPS

❀ Pflanzen Sie winterharte Stauden nicht in den trockenen Sommermonaten. Sie müssen dann ständig bewässert werden, um die Trockenperiode zu überleben.

❀ Im Topf gezogene Gruppen bildende Mehrjährige wie Funkien und Gräser können vor dem Einsetzen geteilt werden (siehe S. 109).

❀ Beachten Sie zum Wohl der Pflanzen immer die Anleitung zu Boden und Standort auf dem Schild.

1 Pflanze gründlich wässern, dann ein Loch von doppelter Größe des Wurzelballens ausheben. Bei schlechtem Boden reichlich organischen Dünger untermischen.

2 Pflanze (hier Funkie) aus dem Topf nehmen und die äußeren Wurzeln am Ballen vorsichtig lösen.

3 Pflanze einsetzen, so dass der Wurzelballen bündig im Boden sitzt. Loch ohne Lufttaschen mit Erde füllen und Erde fest drücken. Dann gründlich wässern.

MAUERSTRÄUCHER UND KLETTERPFLANZEN SETZEN

!!! 15–20 MINUTEN PRO PFLANZE

• Durch Setzen von Sträuchern an einer Mauer können auch empfindlichere Pflanzen verwendet werden
• Durch Pflanzung im Frühjahr können sie in gut angehen

Viele der beliebtesten Sträucher wie Säckelblume, Strauchveronika und *Fremontia* profitieren in kühlerem Klima vom zusätzlichen Schutz einer Mauer. Das Einbringen organischen Düngers ist wichtig, da so der Wasserrückhalt verbessert wird. ■ Wirklich winterharte Mauersträucher wie Kletterrosen können ebenfalls Mitte bis Ende Herbst gesetzt werden.

TIPPS

❀ Pflanzen müssen vor dem Aussetzen gründlich gewässert werden. Ist der Wurzelballen trocken, braucht die Pflanze Wochen, um richtig im Boden anzugehen, egal wie viel man später wässert.

❀ Am einfachsten sind Mauersträucher zu setzen, die keinen zusätzlichen Halt benötigen, wie Feuerdorn, Säckelblume und Eskallonie. Selbstkletternde Pflanzen ersparen Zeit und die Arbeit, sie an einer Rankhilfe hochzuziehen. Dazu zählen Efeu (*Hedera*), Kletterhortensie (*Hydrangea anomala ssp. petiolaris*) und Jungfernrebe (*Parthenocissus*).

❀ Clematis bilden eine Ausnahme, indem sie immer 10 cm tiefer eingepflanzt werden, als sie im Topf saßen (*siehe S. 92*), damit sie sich aus unterirdischen Trieben regenerieren können, wenn sie an Clematis-Welke erkranken.

❀ Wässern Sie neu gepflanzte Mauersträucher und Kletterpflanzen bei Trockenperioden in ihrem ersten Frühjahr und Sommer gründlich.

1 Ein Pflanzloch von doppelter Breite und Tiefe des Kübels mindestens 40 cm von der Mauer entfernt ausheben, um den trockensten Bereich zu meiden. Den Aushub mit reichem Naturdünger vermischen.

2 Pflanze (hier Rhododendron) gründlich wässern, aus dem Kübel heben, verfilzte Wurzeln lösen. Loch mit der Erdmischung auskleiden. Pflanze so einsetzen, dass sie knapp unter Bodenhöhe sitzt. Mit Erdmischung auffüllen und fest drücken.

3 Rund um die Pflanze einen flachen Graben ziehen. Dadurch gelangt Wasser besser an die Wurzeln. Die Pflanze und den umliegenden Boden gründlich wässern.

4 Eine 5–8 cm dicke Mulchschicht aus Rindenchips oder Kokosschale um die Pflanze ausbringen. Dadurch kann die Pflanze besser anwachsen, da Feuchtigkeit gehalten und Unkraut erstickt wird.

▸ *Die Säckelblume (hier »Autumnal Blue«) ist einer der vielen Sträucher, die vom Schutz einer Mauer profitieren.*

ALPINE PFLANZEN IN MAUERN UND SPALTEN SETZEN

! | 5 MINUTEN PRO PFLANZE

• Mauern bieten einigen der schönsten und genügsamsten alpinen Pflanzen ein Zuhause

Trockenmauern und Ritzen in Steinen bieten einer Vielzahl von Alpinpflanzen wie Steinbrech, Fetthenne, Bitterwurzel, Nelken und Glockenblumen mit ihren wunderschönen Blüten und Blättern perfekte Bedingungen.

TIPPS

❀ Ein Fugenkratzer macht das Säubern von Fugen einfach.

❀ Damit die Pflanzen nicht austrocknen, sollten sie vor allem bei trockenem Wetter täglich mit einem Zerstäuber besprüht werden, bis sie gut angewachsen sind.

❀ Pflanzen mit kräftigen Wurzeln kann man meist nur schwierig in Fugen setzen. Kleine Pflanzen aus dem Gartencenter oder Setzlinge machen die Arbeit einfacher.

▲ *Hauswurze (hier* Sempervivum »ciliosum« *var.* borisii*) sind ideal zur Bepflanzung von Mauern und bilden Kissen ähnliche Gruppen.*

1 Pflanze (hier Hauswurz) wässern und die Wurzeln vorsichtig von Erde befreien. Ein kleines Pflanzloch in der Fuge säubern.

2 Pflanze auf eine flache Kelle oder ein Stück Karton legen und die Wurzeln vorsichtig in die Fuge schieben.

3 Feuchte Blumenerde in die Fuge füllen, bis die Pflanze sicher verankert ist. Erde mit einigen kleinen Steinchen sichern.

DECKSCHICHT IM STEINGARTEN ERNEUERN

!!! | 5 MINUTEN PRO QM

• Das Erneuern der Deckschicht bewahrt den Anblick und fördert ein gesundes Pflanzenwachstum

Die Deckschicht ist für Alpinpflanzen zusammen mit sandiger Erde oder Kompost ideal.

TIPP

❀ Durch das Streuen des Kieses bis unter die Blätter bleiben die »Kragen« trocken und man spart Zeit und Kosten durch verrottete Pflanzen.

1 Alte Deckschicht zusammen mit einer dünnen Schicht Erde oder Kompost vorsichtig mit einer Kelle um die Pflanzen herum entfernen.

2 Frische Erde oder Kompost bis unter die Pflanzenkissen (hier Steinbrech) ausbringen und mit Kies oder einer anderen Schotterschicht bedecken.

DÜNGEN UND MULCHEN

!!! 1 STUNDE PRO QM

• Düngen fördert kräftiges Wachstum und bessere Widerstandskraft der Pflanzen

• Mulchen ist eine schnelle und einfache Methode, den Boden in perfektem Zustand zu halten

Das Düngen im Frühjahr ist eine wichtige Aufgabe und sichert den Pflanzen ein kräftiges Wachstum, wenn es wärmer wird. Hungrige Pflanzen erreichen nie ihr volles Potenzial und sind viel anfälliger für Krankheiten und Schädlinge, die dann mit großem Aufwand bekämpft werden müssen. Ebenso wichtig ist das Mulchen. Auf feuchte Erde ausgebrachter Mulch hält die Feuchtigkeit im Boden, kühlt die Erde im Sommer, erstickt Unkraut und reichert die Erde an. Gekaufter Mulch besteht meist aus verschiedenen Rinden oder Kokosschale, aber man kann auch jedes andere gute organische Material wie verbrauchten Champignonkompost verwenden.

TIPPS

❀ Einige Gärtner graben den Mulch einige Zentimeter tief mit der Erde um, aber das ist unnötig – diese Arbeit wird von Würmern erledigt

❀ Gut verrotteter Dung kann lose gekauft werden, erfordert aber viel Arbeit mit der Schubkarre. Bei kleineren Gärten lohnt sich der Kauf des teureren abgepackten Düngers.

❀ Champignonkompost liefert einen hervorragenden Mulch, enthält aber Kalk und sollte daher nicht auf kalkempfindliche Pflanzen wie Rhododendren und Azaleen ausgebracht werden.

1 Bei feuchter Erde die oberen Zentimeter mit einer Forke auflockern, ohne dabei flache Wurzeln zu beschädigen. Dadurch müssen Dünger nicht eingearbeitet werden und Mulche können sich einfacher mit der Erde »verbinden«.

2 Einen Universaldünger nach Anleitung des Herstellers auf alle Pflanzen ausbringen, aber nicht mit Blättern oder Stielen in Kontakt kommen lassen. Kreisförmig um die Pflanzen verteilen, um ein gesundes Wurzelwachstum zu sichern.

3 Den Mulch aus Schubkarre oder Sack ausschütten und mit einer Forke oder einem Rechen um die Pflanzen herum verteilen. Die fertige Mulchschicht sollte mindestens 8 cm dick sein.

4 Mulch um junge Bäume und Sträucher in vollem Umfang der Krone ausbringen und dabei Abstand zum Stamm halten. Bei direktem Kontakt zwischen Holz und Mulch kann der Stamm faulen.

► *Alle Pflanzen (hier Pfaffenhütchen) profitieren vom jährlichen Düngen und Mulchen.*

STRÄUCHER FÜR FORM UND BLÜTE ZURÜCKSCHNEIDEN

!!! 10–15 MINUTEN PRO STRAUCH

• Starker Rückschnitt hält kraftvolle Pflanzen wie Schmetterlingsstrauch und Buschmalve unter Kontrolle und sichert Form und Blütenfülle
• Ein leichterer Rückschnitt fördert frische Blütentriebe bei Sträuchern wie sommerblühendem Spierstrauch und bei Johanniskraut

Sträucher, die an neuen Trieben blühen, profitieren vom jährlichen Rückschnitt, der frisches Wachstum und Blüten fördert. Buschmalven und die kraftvolleren Schmetterlingssträucher (*Buddleja*) wie *B. davidii* entwickeln sich schnell zu unansehnlichen, kopflastigen Büschen, die jedes Jahr um mehrere Meter wachsen. Ein harter Rückschnitt ist wichtig für eine schöne Form. Andere Sträucher, die regelmäßig neue Triebe von der Basis her produzieren, wie Bartblume, Johanniskraut und *Spiraea japonica*, müssen ausgedünnt und zurückgeschnitten werden.

TIPPS

❀ Führen Sie den Rückschnitt möglichst früh durch, damit blütentragende Triebe viel Zeit zum Wachsen haben.

❀ Schneiden Sie bei Sträuchern mit gegenüberliegenden, paarigen Knospen wie Schmetterlingsstrauch gerade durch den Zweig – dann treiben beide Knospen aus. Schneiden Sie bei Sträuchern mit versetzten Knospen schräg nach unten und weg von der Knospe.

❀ Wässern, düngen und mulchen Sie nach dem Rückschnitt gründlich (*siehe S. 17*), um einen schnellen und kraftvollen neuen Wuchs zu fördern.

❀ Pflanzen mit dünnen Trieben mit einer Küchenschere zurückschneiden.

1 Bei Sträuchern wie Schmetterlingsstrauch und Buschmalve zunächst ältere wild wuchernde und kranke Zweige herausschneiden. Mit Rosen- oder Astschere bis zum Hauptstamm zurückschneiden.

2 Restliche Zweige bis auf zwei oder drei Knospen des letztjährigen Wuchses zurückschneiden. Neue, aus der Basis wachsende Zweige um die Hälfte zurückschneiden, um buschiges Wachstum zu fördern.

1 Bei sommerblühenden Spiersträuchern und ähnlichen Sträuchern zunächst bis zu einem Drittel der Hauptzweige bis zur Basis ausschneiden. Das öffnet die Pflanzenform und ermöglicht kraftvollen jungen Wuchs.

2 Alle übrigen Hauptzweige mit der Rosenschere bis auf die Hälfte über einem nach außen weisenden Auge zurückschneiden. Dann beschädigte, schwache und wild wachsende Zweige herausschneiden.

▸ *Jährlicher Rückschnitt ist wichtig für kraftvollere Schmetterlingssträucher (hier* Buddleja *»Lochinch«).*

BUSCHROSEN ZURÜCKSCHNEIDEN

!!! 5–10 MINUTEN PRO PFLANZE

- **Hat man die Grundregeln gemeistert, geht der Rückschnitt von Buschrosen schnell und einfach vonstatten und führt zu gesunden und kraftvollen Pflanzen**
- **Der Rückschnitt wird mit formschönen Büschen voller gesunder Blätter und Blüten belohnt**

Teehybriden mit ihren großen Blüten und Floribundarosen mit dicht stehenden Blüten blühen an den neuen Trieben der jeweiligen Saison und müssen für beste Resultate drastisch zurückgeschnitten werden. Unbeschnitten entwickeln sie sich zu unansehnlichen Sträuchern mit wenigen und verkümmerten Blüten.

■ Auf älterem Holz blühende Strauchrosen erfordern weniger Aufwand. Nach der Blüte schneidet man die holzigeren Zweige um ein Viertel zurück, entfernt wilden und beschädigten Wuchs und schneidet ein bis zwei der älteren Zweige aus, um neuen Wuchs zu fördern.

TIPPS

❀ Schneiden Sie die Rosen zurück, solange sie noch ruhen oder spätestens, sobald sich die ersten Knospen zeigen. Ruhen sie noch, sind die potenziellen Knospen als flache, horizontale »Narben« am Zweig erkennbar. Schneiden Sie niemals bei Frost zurück.

❀ Schneiden Sie Terassen- oder Miniaturrosen ca. 15 cm über dem Boden zurück. Das mag hart klingen, aber die beschnittenen Zweige werden schon bald von jungem Wuchs verdeckt.

❀ Bodendeckende Rosen mit ihrem natürlich dichten Wuchs müssen nur beschnitten werden, um ihre Ausbreitung einzudämmen.

1 Totes, beschädigtes oder krankes Holz mit der Rosenschere ausschneiden. Manchmal sterben Zweige von der Spitze her schwärzlich-braun ab. Diese Zweige ungefähr 5 cm ins lebende Holz zurückschneiden.

2 Alle schwächlichen Zweige bis zum Hauptzweig zurückschneiden. Unbeschnitten wuchert die Pflanze zu, die Luft kann nicht zirkulieren und die Pflanze verschwendet für ergiebigere Triebe benötigte Energie.

3 Die Mitte des Busches zu einer offenen Kelchform auslichten, so dass Luft und Sonnenlicht an alle Teile der Pflanze gelangen und so für gesunden Wuchs und volle Blüte sorgen können.

4 Übrige Zweige auf ca. 25 cm Höhe über dem Boden zurückschneiden. Ideale Kelchform erzielt man, indem man über einem nach außen weisenden Auge schräg weg schneidet. Nach dem Rückschnitt düngen und mulchen (*siehe S. 17*).

▸ *Die duftende »Just Joey« ist mit ihren großen Blütenköpfen eine der schönsten Rosen überhaupt.*

STRÄUCHER FÜR SCHÖNE FARBE ZURÜCKSCHNEIDEN

!! 5–10 MINUTEN PRO STRAUCH

• Ein schneller jährlicher Rückschnitt garantiert die frischesten Farben bei Zweigen und Laub
• Er ist ein einfacher Weg, kraftvolle Sträucher wie Eukalyptus unter Kontrolle zu halten, so dass sie in kleinen Gärten gedeihen können

Einige Sträucher und Bäume reagieren gut auf rigorosen Rückschnitt, indem sie farbenfroheren Zuwuchs produzieren. Die wegen ihrer bunten Rinde beliebten Hartriegelsträucher (*Cornus*) und die wegen ihrer weißen Zweige geschätzten Brombeeren wie *Rubus cockburnianus* verlieren ohne Schnitt schnell an Leuchtkraft. Ein Rückschnitt fördert bei *Eucalyptus gunnii* den Wuchs der silbrigen Blätter, während die attraktiven, goldblättrigen Formen des Holunders (*Sambucus*) und des Trompetenbaums (*Catalpa*) nach einem harten Rückschnitt größere und leuchtender gefärbte Blätter treiben.

TIPPS

❀ Einige Hartriegelhölzer werden wegen ihrer mehrfarbigen Blätter an den farbigen Zweigen geschätzt. Schneiden Sie die Zweige dieser Varietäten nur um ein Drittel zurück.

❀ Düngen und mulchen Sie nach dem Rückschnitt gründlich (*siehe S. 17*).

Die kirschroten Zweige des Cornus alba *»Westonbirt« glänzen in der Wintersonne.*

Hartriegel bis auf ca. 10 cm zurückschneiden, um einen leuchtend gefärbten neuen Wuchs im Sommer und eine schöne Form im Winter zu erhalten.

Eukalyptus mit der Astschere bis auf 5–8 cm über dem Hauptstamm zurückschneiden, um das Wachstum des attraktiveren jungen Laubwerks zu fördern, das für Blumengestecke hoch geschätzt wird.

BEARBEITUNG EINES GEISSBLATTS

!! 30 MINUTEN PRO PFLANZE

• Eine einfache Prozedur zur Verjüngung eines verwucherten Strauchs

Geißblätter (*Lonicera*) sind schöne Kletterpflanzen, können sich aber zu einer unansehnlichen Masse verfilzter alter Zweige entwickeln.

TIPP

❀ Achten Sie beim Kauf eines Geißblatts auf die endgültige Höhe. Die Varietäten, die nur 4–5 m erreichen, sind leichter zu kontrollieren. *Lonicera x tellmannia* (kupfer-orange) und *L. x brownii* »Dropmore Scarlet« (rot) sind zwei der schönsten.

1 Den gesamten verfilzten Wuchs bis zu den Haupttrieben zurückschneiden. Im äußeren Bereich kann man sich die Arbeit mit einer Heckenschere erleichtern.

2 Die Hauptzweige mit einer Astschere bis auf 30–60 cm zurückschneiden. Düngen, wässern und mulchen (*siehe S. 17*). Schon bald treten neue Triebe hervor und können eingebunden werden.

BEETE MIT EINJÄHRIGEN PFLANZEN SÄEN

! 10 MINUTEN PRO QM

• Farbenfrohe Einjährige sind eine einfache Möglichkeit, im Sommer freie Flächen wie neu angelegte Beete mit Sträuchern zu verschönern
• Die Saatmethode macht das Jäten einfach, da Unkraut schnell entdeckt und entfernt ist

Robuste und halb robuste Einjährige sind schöne Lückenfüller und erreichen bei dieser Saatmethode ihre volle Wuchskraft. Durch die geraden Saatreihen sind die Jungpflanzen leicht zu identifizieren und Unkraut kann ausgerissen werden, sobald es auftritt. Darüber hinaus erzeugen die verschachtelten Saatzonen eine einheitliche Wirkung. Robuste Varietäten können jetzt ausgesät werden, während die weniger robusten je nach Anleitung in den kommenden Wochen folgen. Jungpflanzen wirken erst sehr streng aufgereiht, verbinden sich aber bald zu einem zusammenhängenden Teppich aus Blüten und Blättern.

TIPPS

❀ Legen Sie für ein harmonisches, ausgewogenes Bild einen groben Pflanzplan an, bevor Sie die Saatzonen markieren, und beachten Sie Höhe und Blütenfarbe der Pflanzen.

❀ Die alten »Bauerngarten«-Blumen wie Schleifenblume (*Iberis*), Ringelblume (*Calendula*), Kornblume (*Centaurea cyanus*) und Jungfer-im-Grünen (*Nigella*) sind am einfachsten zu ziehen.

❀ Einjährige im Beet brauchen keine regelmäßige Düngung. Arbeiten Sie aber bei ausgelaugtem Boden vor dem Einsäen 70 g Dünger pro Quadratmeter in die Erde ein.

1 Die Erde des Saatbeets gut durchharken, so dass sie fein krümelig wird. Mit hellem Sand oder Splitt eine Reihe miteinander verschachtelter Saatzonen markieren.

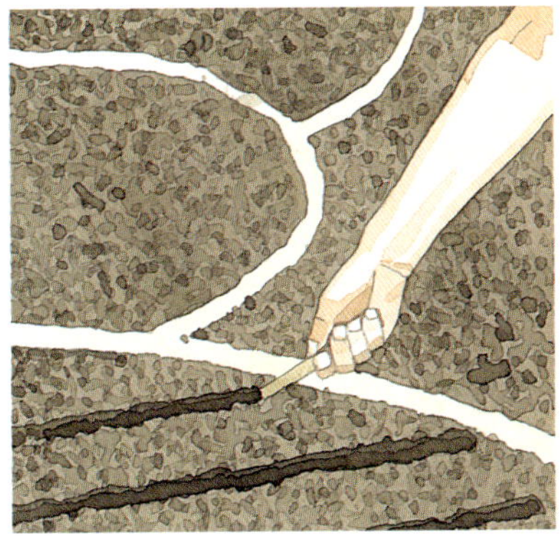

2 Mit einem Stock eine Reihe kleiner Saatlöcher in den auf der Packung angegebenen Abständen stechen, so dass die Pflanzen eine geschlossene Decke bilden, ohne sich gegenseitig zu ersticken.

3 Samen in möglichst gleichmäßigen Abständen in die feuchte Erde säen (kleine Samen können für eine gleichmäßige Verteilung mit Sand gemischt werden). Samen mit Erde bedecken, mit dem Rücken der Harke anklopfen und beschriften.

4 Mit einer Gießkanne mit feinem Sieb gründlich angießen und in Trockenperioden feucht halten. Austretende Jungpflanzen nach Anleitung auf der Packung vereinzeln und alles Unkraut entfernen.

▶ *Die hübsche Jungfer-im-Grünen* (Nigella) *ist eine der pflegeleichten »Bauerngarten«-Blumen.*

STRÄUCHER DURCH ABSENKEN VERMEHREN

! 10–15 MINUTEN PRO STRAUCH

• Absenken ist eine gute Methode, den Bestand an teureren Sträuchern wie Rhododendren, Azaleen und Magnolien zu erweitern

• Im Gegensatz zu anderen Vermehrungsmethoden ist nach dem ursprünglichen Absenken nur wenig Pflege erforderlich

Das Absenken imitiert die natürliche Vermehrung vieler Sträucher, die Wurzeln aus einem den Boden berührenden Trieb bilden. Viele immergrüne und laubwechselnde Sträucher wie Flieder (*Syringa*), Skimmie, Schneeball und Magnolie lassen sich durch Absenken vermehren. Der Versuch lohnt bei jedem Strauch, da er nur wenig Zeit erfordert. Abgesenkte Zweige treiben in der Regel innerhalb eines Jahres Wurzeln und können im Folgejahr abgetrennt und versetzt werden.

■ Das Absenken kann auch Mitte bis Ende Herbst erfolgen.

1 Einen biegsamen, bodennahen Trieb wählen (hier Rhododendron). Blätter auf etwa 30 cm unterhalb der Spitze entfernen. Den Trieb zum Boden biegen, um die Lochstelle zu markieren.

2 Einen kleinen Graben von der Breite und der halben Tiefe eines Spatens ausheben. Aushub bei magerer Erde mit organischem Dünger mischen, um Wasserrückhalt und optimale Wurzelungsbedingungen zu schaffen.

3 Unterseite des Triebs auf 2,5 cm Länge bis höchstens zu halber Stärke des Triebs »abschälen«. Diese kleine Wunde fördert die Wurzelbildung.

4 Den Trieb so am Boden feststecken, dass die Wunde den Boden berührt. Loch auffüllen, Erde andrücken und gründlich wässern. Wenn der Absenker gewurzelt hat und kräftig wächst, von der Mutterpflanze trennen und versetzen.

TIPPS

❀ Halten Sie den Boden um den Absenker bei trockenem Wetter gut feucht. Lassen Sie den Absenker mindestens ein Jahr im Boden.

❀ Prüfen Sie vor dem Versetzen vorsichtig mit einer Gabel, ob sich ein gesundes Wurzelsystem gebildet hat.

❀ Eine schnellere, aber nicht so zuverlässige Methode des Absenkens besteht darin, den Trieb einfach mit einem Ziegel am Boden zu halten.

❀ Auch viele Kletterpflanzen wie Geißblatt (*Lonicera*) und Glyzine (*Wisteria*) können durch Absenken vermehrt werden. Besonders gut funktioniert es bei der Clematis.

▶ *Rhododendren (hier »Seta«) sind teuer, können aber leicht durch Absenken vermehrt werden.*

ABNEHMEN VON BASALSTECKLINGEN

! | 15 MINUTEN PRO TOPF

• Eine schnelle und einfache Methode, robuste Chrysanthemen, Rittersporne, Lupinen und Dahlien zu vermehren, die sich des kräftigen Wuchses junger Sprosse bedient
• Bewurzelte Stecklinge können im späten Frühjahr oder Frühsommer ausgepflanzt werden und tragen oft noch im gleichen Jahr Blüten

Grundständige (Basal-)Stecklinge wurzeln schnell (meist innerhalb eines Monats), da der Frühlingswuchs große Kraft besitzt. Die Jungpflanzen blühen häufig schon im ersten Jahr. Es ist eine äußerst schnelle Methode, den Bestand an beliebten Pflanzen wie Chrysanthemen, Ritterspornen, Lupinen, Dahlien und Monarden zu vergrößern.

Frische Stecklinge sollten so schnell wie möglich eingetopft werden. Wenn Sie mit mehreren gleichzeitig arbeiten, sollten Sie sie sofort in einen Gefrierbeutel verschließen, damit sie nicht welken. Wenn dies doch geschieht, beleben Sie sie in frischem Wasser wieder.

Wenn die bewurzelten Stecklinge in Töpfe vereinzelt sind, stellen Sie sie zum Anwachsen an einen hellen, warmen Ort des Hauses ohne direkte Sonne. Die Stecklinge sollten gut gewässert, aber nicht staunass sein.

Von Mitte bis Ende des Frühjahrs beginnen Sie, die Stecklinge abzuhärten, indem Sie die Töpfe bei warmem Wetter ins Freie stellen und nachts wieder hereinholen. Wenn das Wetter wärmer wird, lassen Sie die Töpfe nach und nach immer länger (bei frostfreien Temperaturen auch nachts) im Freien. Setzen Sie die Stecklinge aus, wenn die Frostgefahr vorüber ist und wässern Sie sie gut, bis sie kräftig austreiben.

TIPPS

❀ Seien Sie sparsam mit den Bewurzelungshormonen – zu viel kann die Stecklinge schädigen.

❀ Verwenden Sie für schnelle Wurzelbildung einen beheizten Anzuchtkasten und entfernen Sie den Deckel, wenn die Pflanzen kräftig wachsen.

❀ Halten Sie die Erde gleichmäßig feucht. Zu viel Feuchtigkeit kann zu Fäulnis führen. Wischen Sie Kondenswasser vom Deckel ab oder entfernen Sie den Beutel für einige Stunden, um die Feuchtigkeit abziehen zu lassen.

▲ *Gartenchrysanthemen bieten im Herbst einen willkommenen Farbtupfer.*

1 Eine Pflanze (hier Gartenchrysantheme) mit ca. 5 cm langen Sprossen aussuchen. Einen gesunden, kräftigen Spross wählen und möglichst nahe an der Basis abschneiden, wo der Spross schon holzig wird.

2 Stecklinge so schnell wie möglich vorbereiten. Untere Blätter mit einem scharfen Messer entfernen und die Basis des Stecklings gerade abschneiden, so dass ein 1 cm langes holziges Stück verbleibt.

3 Die Stecklinge in ein Bewurzelungshormon tauchen (in Gartencentern erhältlich) und mit einem Pikierholz um den Rand eines mit Pikiererde gefüllten Topfes setzen, ohne dass die Blätter sich berühren.

4 Mäßig wässern. Topf mit einem mit Gummiband gesicherten Plastikbeutel abdecken. An einen warmen, hellen Ort im Haus ohne direkte Sonne stellen. Wenn die Stecklinge gewurzelt haben, müssen sie vereinzelt werden.

ÜBERWINTERTE STAUDEN ANZIEHEN

! 5–10 MINUTEN PRO PFLANZE

• Überwinterte nicht winterharte Stauden werden schon in Blüte stehen, wenn sie im Frühsommer ausgesetzt werden

• Diese relativ reifen Pflanzen sparen Zeit und Geld, indem sie die Anzahl der benötigten Pflanzen für Kübel und Körbe verringern

Viele nicht winterharte Stauden können im Haus überwintert werden (*siehe S. 86*), so dass vom Frühsommer an relativ große Pflanzen für Beete, Kübel und Rabatten zur Verfügung stehen. Die meisten von ihnen wachsen im Winter langsam weiter, wobei Margariten (*Argyranthemum*) und Fuchsien ruhen und erst im Frühjahr neue Sprosse treiben. Sie alle können wie Geranien (*Pelargonium*) gezogen werden. Verwenden Sie beim Eintopfen eine gute Blumenerde und düngen Sie die Pflanzen von Mitte des Frühjahrs an wöchentlich mit Blumendünger.

1 Überwinterte Staude (hier Geranie) in einen etwas größeren Topf umpflanzen, frische Erde zugeben und andrücken. Terrakottatöpfe zur besseren Drainage mit Tonscherben auslegen. Gut wässern.

2 Ältere, holzige Triebe zurückschneiden, um kräftigen neuen Wuchs aus der Basis zu ermöglichen. Die neuen Sprosse schaffen eine ausgewogene Pflanze voller Blätter und Blüten.

3 Die restlichen jüngeren Sprosse jeweils über einem nach außen weisenden Blattansatz um die Hälfte zurückschneiden, so dass eine Kugelform entsteht und die Mitte der Pflanze offen und luftig bleibt.

4 Pflanze an einen warmen, hellen Ort im Haus stellen und feucht, aber nicht nass halten. Triebspitzen während des Wachstums abkneifen, um einen buschigen Wuchs zu erzielen. Nach der Frostperiode auspflanzen.

TIPPS

❀ Erhöhen Sie langsam die Wassermenge, um die Pflanzen vor dem Umtopfen »aufzuwecken«. Wässern Sie sie, sobald die Erde auszutrocknen beginnt, aber lassen Sie sie nicht im Nassen stehen.

❀ Holzige Stauden wie Margariten und Fuchsien können auf 5 cm zurückgeschnitten werden, um einen buschigen Wuchs zu fördern.

❀ Setzen Sie Pflanzen für Ampeln und Blumenkästen direkt in ihre endgültigen Behältnisse. Holen Sie diese ins Haus, setzen Sie die Pflanzen zusammen mit anderen Sommerblühern hinein und lassen Sie sie anwachsen.

▶ *Frei blühende und kraftvolle Geranien (*Pelargonium*) sind ideale Beetpflanzen.*

FRÜHJAHRSPUTZ AUF DER TERRASSE

!!! 1 STUNDE PRO QM

• Eine schnelle Reinigung verbessert die Wirkung plattierter Flächen und bietet einen schönen Hintergrund für Pflanzkübel und Gartenmöbel
• Außerdem beschränkt sie die Pflege für den Rest des Jahres auf ein Minimum

Es ist erstaunlich, wie schnell sich Schmutz, Algen und Unkraut auf der Terrasse sammeln, ohne das es dem Gärtner auffällt. Ein Frühjahrsputz kann da abhelfen, besonders auf hellem Boden, der dann in neuem Licht erstrahlt. Es ist wichtig, den Algenfilm zu entfernen, der sich in schattigen Bereichen bildet, da er bei Feuchtigkeit gefährlich glatt wird. Das gilt besonders, wenn die Terrasse an einen Teich grenzt. Die Unkrautentfernung sorgt für ein sauberes Bild und verhilft den plattierten Gestaltungselementen zu neuem Glanz. Handelt man früh genug, erspart man sich später viel Arbeit.

TIPPS

❀ Warten Sie zum schnelleren Arbeiten, bis der Boden feucht ist und die Pflanzen nicht mehr so fest sitzen. Unkraut ist bei Trockenheit oft schwer zu entfernen.

❀ Am einfachsten lässt sich Unkraut in Fugen durch eine Trockenzementmischung im Zaum halten. Sie ist in Baumärkten und Heimwerkergeschäften erhältlich. Einmal getrocknet, bildet sie eine undurchdringliche Barriere.

❀ Bevor Sie einen Hochdruckreiniger verwenden, räumen Sie alle Kübel von der Terrasse, um sie vor hässlichen Schmutzspritzern zu schützen. Tragen Sie Schutzbrille, Gummistiefel und alte Kleidung.

Mit einem scharfen Messer kann man Unkraut aus den Fugen lösen, aber ein spezieller Fugenkratzer, der sich unter die Wurzeln hakt, macht kurzen Prozess mit flach wurzelndem Unkraut wie Gras und Gänseblümchen.

Für tiefer wurzelndes Unkraut wie Löwenzahn und für Bereiche ohne kultivierte Pflanzen in der Nähe eignet sich ein Herbizid mit Glyphosat, der nach dem Trocknen völlig harmlos ist.

Terrasse zum Entfernen von Schmutz und Algen mit einem harten Schrubber und Seifenwasser abschrubben und gründlich nachspülen. Ein gekaufter Terrassenreiniger darf nicht in angrenzende Beete oder Teiche ablaufen.

Zur Zeitersparnis auf größeren Flächen einen Hochdruckreiniger einsetzen. Diese Maschinen sind mitunter recht teuer, können aber auch gemietet werden.

▶ *Eine saubere, unkrautfreie Terrasse ist ein perfekter Hintergrund für Kübelpflanzen.*

SAMEN IM HAUS ZIEHEN

! 5 MINUTEN PRO TOPF

• Die Aussaat im Haus ist eine bequeme Methode, eine Vielzahl von Pflanzen zu ziehen, die Wärme zum Keimen benötigen

• Es spart viel Geld: Ein einzelnes Samenpäckchen kann dutzende, manchmal sogar hunderte Pflanzen enthalten

• Wenn die Ausstattung einmal bereit steht, entstehen weitere Kosten nur noch durch Samen und Erde

Pflanzen aus Samen zu ziehen kann sehr befriedigend sein und es spart viel Geld, besonders, wenn Sie ein eifriger Gemüsegärtner sind oder sich jedes Jahr an einer bunten Blütenpracht erfreuen möchten. Winterharte Pflanzen können im Freien ausgesät werden (*siehe S. 21 und 29*), aber die Aussaat im Warmen lässt Sie all die Pflanzen ziehen, die zum Keimen zusätzliche Wärme benötigen: viele mehrjährige Beetpflanzen, nicht winterharte Freilandpflanzen, Kräuter und Gemüse.

Gartenpflanzen werden gerne aus Samen gezogen, da die meisten Wärme zur Keimung benötigen. Allerdings sind einige leichter zu ziehen als andere. Viel beschäftigte Gärtner werden sich daher lieber auf die besonders einfach zu ziehenden Varietäten konzentrieren, die keine so genaue Temperaturkontrolle erfordern: Zweizahn (*Bidens*), Brachycome, Dahlie, Diascia, Kapaster (*Felicia*), Gazanie, Ringelblume (*Calendula*), Studentenblume (*Tagetes*), Kapuzinerkresse (*Tropaeolum*), Nemesie, Nolana, Kapkörbchen

1 Topf oder Schale gestrichen mit Aussaaterde füllen, dann bis auf 1 cm unter dem Rand andrücken. Terrakottatöpfe zunächst mit Tonscherben auslegen, um das Abflussloch freizuhalten.

2 Samen möglichst gleichmäßig aus der Tüte schütteln. Feine, staubartige Samen zunächst in der Tüte mit hellem Sand mischen und dann gleichmäßig ausstreuen.

3 Samen nach Anleitung auf der Tüte mit Erde bedecken. Die Verwendung eines speziellen Anzuchtsubstrats unterstützt die Samen bei der Keimung.

4 Beschriften und angießen, so dass die Erde gleichmäßig feucht, aber nicht staunass ist. Eine Kanne mit feiner Dusche verwenden, da ein Wasserstrahl die Samen aus der Erde waschen würde.

Die Samen der kompakten, frei blühenden Begonien sind eigentlich überall erhältlich.

(*Osteospermum*), Portulak und Tabak (*Nicotiana*).

Mit einem beheizten Anzuchtkasten gelingt die Keimung besonders einfach, aber Sie können den Topf oder die Saatschale auch in einen Plastikbeutel setzen und an einen warmen Ort stellen. Entfernen Sie, sobald die Sämlinge erscheinen, den Beutel und stellen Sie Topf oder Schale auf ein warmes, helles Fensterbrett ohne direktes Sonnenlicht. Auf dem Fensterbrett neigen die Sämlinge sich immer in Richtung des Lichts, so dass Sie den Topf hin und wieder drehen sollten.

Am besten wässert man die Sämlinge von unten, da das Wasser die empfindlichen Pflänzchen selbst bei Verwendung einer sehr feinen Dusche abknicken kann. Stellen Sie Topf oder Schale in eine flache Schale mit Wasser und lassen Sie die Erde sich gründlich vollsaugen, bis auch die Oberfläche feucht ist. Anschließend lassen Sie das Gefäß einige Minuten abtropfen. Das Wasser sollte zimmerwarm sein, bevor Sie die Sämlinge wässern.

Das Umsetzen der Sämlinge in sogenannte Multitopfplatten zum Anwachsen erspart eine Menge Arbeit, da sie sonst zunächst in ein Frühbeet und anschließend in einzelne Töpfe gesetzt werden müssten.

Beginnen Sie gegen Mitte des Frühjahrs, die Jungpflanzen an die Gartentemperaturen zu akklimatisieren. Stellen Sie sie an warmen, sonnigen Tagen an einen geschützten Ort und erhöhen Sie langsam die Zeit im Freien, bis sie schließlich über Nacht draußen bleiben können – natürlich nur, wenn kein Frost bevorsteht. Pflanzen Sie die Jungpflanzen in den Garten oder in Kübel, sobald die Frostgefahr vorüber ist.

5 Töpfe in einem beheizten Anzuchtkasten an einen hellen Ort ohne direktes Sonnenlicht stellen. Wenn sich Feuchtigkeit niederschlägt, die Belüftungsklappen öffnen. Sämlinge sind sehr anfällig gegen Fäule.

6 Wässern, wenn die Erde austrocknet. Sobald die Sämlinge austreten, langsam die Belüftungsklappen öffnen. Schließlich den Deckel abnehmen und Pflanzen anwachsen lassen, bis sich ein zweites Blatt zeigt.

7 Wurzeln der Sämlinge mit einem Pikierholz aus der Erde lösen. An einem Blatt (dem ersten, kräftigeren) halten. Niemals am Stängel anfassen, der sehr leicht bricht.

8 Jeden Sämling in einen Topf einer Multitopfplatte setzen: Mit dem Pikierholz ein Loch in die Erde bohren. Wurzeln hineinfädeln, Erde andrücken und angießen. An einem warmen, hellen Ort anwachsen lassen, gleichmäßig feucht halten.

TIPPS

❀ Einige Samen sollten nicht abgedeckt werden. Achten Sie also auf die Saatanleitung auf der Packung. Solche Samen immer von unten wässern, damit sie nicht ausgewaschen werden.

❀ Größere Samen wie Bohnen und Melonen können zu zweit in einen 9 cm-Topf gesetzt werden. Sobald die Sämlinge erscheinen, entfernen Sie den schwächeren der beiden.

❀ Wenn die Sämlinge zu feucht gehalten werden, können sie durch Pilzbefall an der Wurzel plötzlich zusammenbrechen. Entsorgen Sie betroffene Sämlinge zusammen mit ihrer Erde und ziehen Sie die Übrigen in trockenerer, luftigerer Umgebung.

❀ Setzen Sie die Sämlinge beim Pikieren in ihrer Größe angepasste Multitöpfe. Die zarte Lobelie zum Beispiel braucht nur einen kleinen Topf, während die kräftigen Tabakpflanzen (*Nicotiana*) erheblich mehr Platz für ihr Blattwerk beanspruchen.

RASEN VERJÜNGEN

!! 1 STUNDE PRO 10 QM

- **Die Verjüngung im Frühjahr sorgt für einen gesunden, kraftvollen Rasen, der den Belastungen des Sommers gewachsen ist**
- **Belüftung lockert den Boden und verbessert den Wasserabfluss**
- **Rechen oder Vertikutieren beseitigt unansehnliches Moos und erstickendes abgestorbenes Gras**

Wenn der Rasen müde und dünn wirkt und das Gras trotz regelmäßiger Düngung nicht mehr richtig gedeiht, kann eine Verjüngung Wunder wirken. Das Ziel besteht darin, Moos und abgestorbenes Gras zu entfernen und den Boden aufzulockern, damit das Gras wieder ungehindert Wasser und Nährstoffe aufnehmen kann. Es ist eine harte Arbeit, die sich aber in wenigen Wochen auszahlt, wenn der Rasen satt grün und dicht steht.

■ Die Verjüngung kann auch Mitte August erfolgen.

TIPPS

❀ Beseitigen Sie alles Moos etwa eine Woche vor dem Vertikutieren, um eine Ausbreitung zu verhindern.

❀ Große Flächen bearbeitet man besser mit einem gemieteten elektrischen Vertikutierer.

❀ Wenn die Jahreszeit unerwartet warm war und das Gras mehr als 8 cm hoch steht, mähen Sie es (*siehe S. 35*) vor dem Vertikutieren und Düngen.

❀ Sie können sich Zeit und Mühe sparen, indem Sie warten, bis der Boden feucht ist. Schwere oder verdichtete Böden sind im trockenen Zustand schwer zu bearbeiten.

1 Mit einem Fächerbesen Moos und loses abgestorbenes Gras mit kraftvollen Zügen vom Rasen fegen. Moos und totes Gras nehmen dem Rasen Feuchtigkeit und Luft.

2 Boden mit einem Bodenstecher in 10-cm-Abständen einstechen, um ihn zu belüften. So wird der Boden aufgelockert und Wasser und Luft gelangen leichter an die Graswurzel.

3 Mit einem Besen Rasendünger – gekauften oder guten organischen Dünger – in die mit dem Bodenstecher gestochenen Löcher verteilen. Auf schwerem Boden Sand oder feinen Schotter zugeben, um den Boden durchlässiger zu machen.

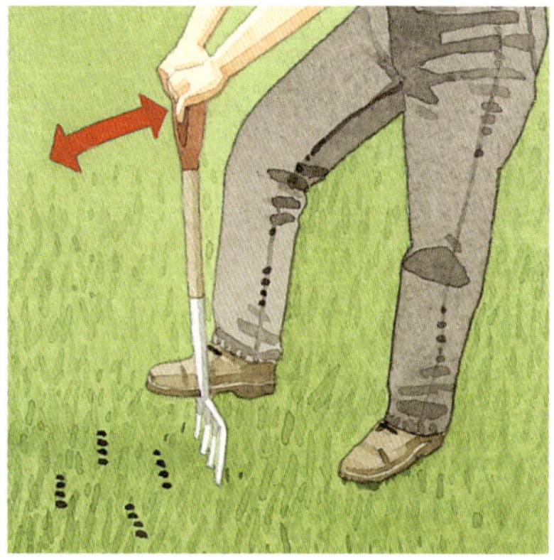

Auf kleineren Rasenflächen kann man statt des Bodenstechers auch eine Spatengabel verwenden. Alle 10 cm etwa bis zur Hälfte der Zinken einstechen und sanft vor und zurück bewegen, um die Löcher zu vergrößern.

▶ *Eine »Frühjahrskur« fördert einen satten, kraftvollen Wuchs des Rasens.*

GEMÜSEREIHEN ANLEGEN

10 MINUTEN PRO 2-M-REIHE

- **Knackig frisches Gemüse ist voller Vitamine und Geschmack**
- **Die direkte Aussaat ist eine ideale Methode zum Anbau von Wurzelgemüse wie Karotten**
- **Die Zwischenräume der Reihen können für schnelle Ernten wie Frühlingszwiebeln genutzt werden**

Gemüse säen ist eine einfache Arbeit und der Ertrag, der ohne Umwege vom Beet direkt auf den Teller gelangt, hat einen unvergleichlichen Geschmack. Gemüse können entweder in einem Saatbeet gezogen werden, von wo aus man sie umsetzt, oder man sät sie direkt in das Erntebeet. Die direkte Einsaat erspart die Arbeit des Umsetzens und lohnt sich besonders für Wurzelgemüse wie rote Bete, Karotten und Pastinaken, die sich nicht so einfach umsetzen lassen. Für eine Fruchtfolge säen Sie einzelne Ernten in vierzehntägigen Intervallen.

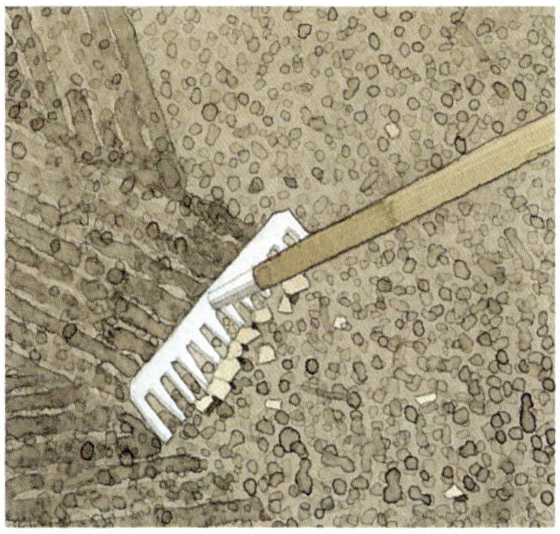

1 Die Oberfläche eines ebenen, gut vorbereiteten Bodens (*siehe S. 107*) fein krümelig rechen und große Steine entfernen. Kleinere Steine sind hilfreich, indem sie Feuchtigkeit binden und für Kühlung sorgen.

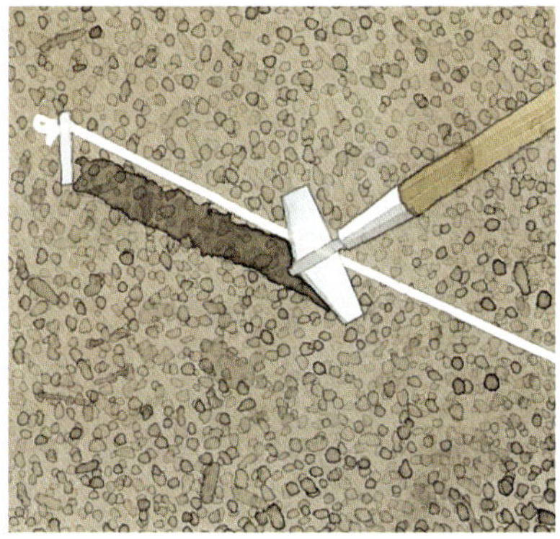

2 Sorgfältig mit Pflöcken und straff gespannten Leinen zwei Reihen im empfohlenen Abstand abstecken. Mit der Kante einer Feldhacke entlang der Leine eine gerade, V-förmige Saatfurche mit der empfohlenen Tiefe ziehen.

3 Bei trockenem Boden die Furche wässern, dann möglichst gleichmäßig einsäen – feinere Samen können für eine bessere Verteilung mit Gartensand vermischt werden. Furche schließen, deutlich beschriften und gründlich angießen.

4 Die Sämlinge vorsichtig in den empfohlenen Abständen ausdünnen, ohne dabei die verbleibenden Pflanzen zu beschädigen. Sämlinge bei trockener Witterung gut wässern und Unkraut sofort entfernen.

TIPPS

❀ Säen Sie Gemüse an sonnigen Plätzen – nur wenige vertragen Schatten.

❀ Beachten Sie immer die Saatanleitung auf dem Paket. Verschieben Sie die Aussaat bei unzeitig kaltem Wetter oder staunassem Boden.

❀ Schützen Sie Sämlinge und Jungpflanzen vor Schnecken (*siehe S. 125*), die großen Schaden anrichten können.

❀ Nutzen Sie die Zwischenräume der Saatfurchen mit langsam wachsendem Gemüse wie Pastinaken, indem Sie hier schnell reifende Ernten wie Blattsalat, Radieschen und Frühlingszwiebeln setzen, die in wenigen Wochen eingebracht werden können.

▶ *Ein gut gepflegter Gemüsegarten kann reiche Ernten köstlichster Feldfrüchte tragen.*

FRÜHLINGSMITTE

In der Mitte des Frühjahrs ist es oft windig, stürmisch und nass, aber es gibt auch immer einige schöne Tage, an denen das Gärtnern so richtig Spaß macht. Am besten nutzen Sie diese Tage! Wenn das Wetter wärmer wird, müssen die Hecken in Form geschnitten und der Rasen zum ersten Mal gemäht werden. Man kann den Boden für neue Rasenflächen vorbereiten und auch der Gemüsegarten verlangt viel Aufmerksamkeit, sei es nun, dass man Kartoffeln setzt oder auch Karotten und Salat für die Frühsommerernte pflanzt. Es gibt viel zu tun – aber auch vieles, auf das man sich freuen darf.

▲ *Pfingstrosen müssen frühzeitig gestützt werden, um ihre volle Wirkung entfalten zu können.*

KRAUTIGE STAUDEN STÜTZEN

!! 2–3 MINUTEN PRO PFLANZE

- **Stützstäbe halten hohe Pflanzenstängel zuverlässig aufrecht**
- **Eine Ringstütze ist ideal für kopflastige Blumen**
- **Gelenkstützen können Rasenkanten vor dem Schatten hängender Pflanzen schützen**

Viele krautige Stauden müssen gestützt werden: um hohe Blütenstängel aufrecht zu halten, um Pflanzen mit liegendem Habitus Fülle und Form zu verleihen und um sie daran zu hindern, ihre Nachbarn oder den Rasen zu überwuchern oder um kopflastige Blumen wie Pfingstrosen und Türkischen Mohn (*Papaver orientale*) zu stützen, die sich sonst zur Erde neigen würden. Dabei kommt es darauf an, dass die Stützen weitgehend unsichtbar sind und das Gesamtbild des Gartens nicht stören. Anfangs sind sie noch sichtbar, aber bis zum Sommer sollten sie von Blattwerk und Blüten verdeckt sein. Das mag zusätzliche Arbeit bedeuten, aber der Aufwand lohnt sich, wenn man schließlich die volle Pracht der Sommerblüten genießen darf.

TIPPS

❀ Verwenden Sie beim Abstützen einstieliger Pflanzen eine Stütze, die der endgültigen Höhe der Pflanze entspricht. Sie sollte hoch genug sein, um die Pflanze voll zu stützen, aber nicht über dieser hinausragen.

❀ Für buschige Pflanzen kann man auch holzige Reste aus dem Rückschnitt nehmen, die man zwischen das junge Blattwerk steckt. Ein an der Spitze mit Bast verbundener Ring aus Stecken ist ein guter Ersatz für eine Metallstütze.

❀ Ein Windschutz kann das Abstützen in ungeschützten Gärten weitgehend überflüssig machen.

Für einstielige Stauden wie Rittersporn eine stabile Bambusstange verwenden. Stängel im Abstand von 30 cm anbinden, damit sie bei Wind nicht knicken oder brechen.

Kopflastige Pflanzen wie Pfingstrosen und Türkischen Mohn mit einer Ringstütze sichern. Stütze mit den Pflanzen verlängern und Blattwerk und Blütenstiele durch das Drahtgeflecht ziehen.

Gelenkstützen eignen sich für hohe und Polster bildende Pflanzen wie Phlox. Sie hindern die Pflanzen auch daran, sich über den Rasen zu neigen. Man kann sie kreisförmig oder eckig verbinden.

PFLEGE VON ZWIEBELPFLANZEN NACH DER BLÜTE

!!! 5–10 MINUTEN PRO HORST

- **Die jährliche Nachsorge ist schnell und einfach und fördert gesunde, freiblühende, immer größer werdende Horste voller schöner Frühlingsblüten**
- **Sie verringert die Notwendigkeit, Pflanzen ersetzen zu müssen, die mangels Pflege eingegangen sind.**

Zwiebelpflanzen blühen in den ersten Jahren so fulminant, dass man annehmen könnte, sie benötigten überhaupt keine Pflege. Allerdings ist ein wenig Nachsorge ein Mal im Jahr unerlässlich. Es ist wichtig, abgeblühte Blüten zu entfernen, um einen schönen Anblick zu erhalten und sie davon abzuhalten, Samen zu verstreuen, die der Zwiebel Kraft rauben. Wenn man die Blätter absterben lässt und die Pflanzen nach der Blüte düngt, erhalten die Zwiebeln, die bereits die Blumen des nächsten Jahres bilden, ein Maximum an Energie zurück.

TIPPS

❀ Zwiebelpflanzen in dicht besetzten Beeten müssen jährlich nach der Blüte mit einer pottaschehaltigen Lösung gedüngt werden, aber Zwiebeln in Grasflächen sollten nur gedüngt werden, wenn die Blütenproduktion nachlässt.

❀ Zwiebelpflanzen unter laubwechselnden Sträuchern oder Bäumen sind ein gutes Mittel gegen unordentliches Blattwerk: Die Zwiebeln blühen, wenn der Strauch oder Baum nackt ist und das sich entwickelnde Laubwerk verdeckt die unansehnlichen absterbenden Blätter der Zwiebelpflanze.

❀ Nehmen Sie für die Pflanzung auf Grasflächen Varietäten, die nicht nach dem ersten Mähen weiter blühen.

▶ *Zwiebelpflanzen werden mit ein wenig Pflege von Jahr zu Jahr schöner.*

1 Blüten (hier Narzissen) entfernen, wenn sie abblühen, damit sie keinen Samen streuen und der Zwiebel Kraft rauben. Kurz unter der Samenkapsel abkneifen oder den ganzen Stiel entfernen, wenn die Pflanze unordentlich wirkt.

2 Nach der Blüte düngen, damit die Zwiebel im nächsten Jahr ein Maximum an Blüten produzieren kann. Ins Wasser gemischter Flüssigdünger, der in den Boden um die Pflanzen gegossen oder direkt auf die Blätter gesprüht wird, ist ideal.

3 Besonders Narzissenblätter können nach der Blüte sehr unansehnlich wirken, sollten aber nie verfrüht abgeschnitten oder in Knoten geschlungen werden. Solange sie fotosynthetisieren, leiten sie Energie in die Zwiebel.

4 Wenn die Blätter schlaff und gelb sind (meist nach etwa sechs Wochen) und der Zwiebel nicht mehr nützen, können Sie mit der Schere zurückgeschnitten werden. Blätter nicht abreißen, da so die Zwiebel beschädigt würde.

HECKENSCHNITT

!!! | 10–20 MINUTEN PRO 6 M HECKE

- **Regelmäßiger Schnitt führt zu dichtem, gleichmäßigem Wuchs**
- **Es schafft eine klare Linie, die schön mit weniger formellen Gartenpflanzen kontrastiert**
- **Es ist eine lohnende Arbeit, weil die Resultate sofort sichtbar sind**

Eine gut geschnittene Hecke ist ein Gewinn für jeden Garten, sei es als Sichtschutz oder weil sie den Garten strukturiert. Sie ist immer ein schöner Hintergrund für farbenfrohere Pflanzen und Blumen. Hecken erfordern mehr Zeit als Zäune, halten aber dafür auch ewig. Beschneiden Sie sie immer so, dass sie an der Basis breiter sind als an der Krone, damit sie ihr volles Grün entfalten können. So werden die tiefer liegenden Zweige nicht von den höheren überschattet. Außerdem lenkt die Form Wind ab und verteilt das Gewicht von Schnee besser, der sonst die Zweige der Krone bricht.

TIPPS

Tragen Sie bei der Arbeit eine Schutzbrille, um ihre Augen vor umherfliegenden Zweigen zu schützen.

Ein Gehörschutz bewahrt bei der Arbeit mit Maschinen die Ohren vor Schaden, aber nicht die der Nachbarn. Arbeiten Sie also nur erlaubten Zeiten.

Regelmäßiger Rückschnitt schafft einen dichten, schönen Sichtschutz wie diese Buchenhecke.

Schere parallel zur Außenlinie der Hecke halten und die Hecke nach oben hin leicht verjüngend zuschneiden. Eine Kunststofffolie unter die Hecke legen, um das Wegräumen der Schnittreste zu erleichtern.

Bei mehreren Hecken sparen elektrische Heckenscheren Zeit und Kraft. Elektrogeräte zur Unfallvermeidung nur an einen gesicherten Stromanschluss anschließen!

HECKEN VERJÜNGEN

!!! | 1 STUNDE PRO 6-M-HECKE

- **Verjüngt wuchernde Hecken**

Die Eibe ist die einzige Konifere ist, die hart zurückgeschnitten werden darf.

■ Verjüngen Sie laubwechselnde Hecken im Spätwinter.

TIPPS

Eine Astschere oder scharfe Säge hilft beim Rückschnitt starker Triebe.

Düngen, wässern und mulchen Sie die Hecke nach dem Rückschnitt gründlich, damit kraftvolle neue Triebe entstehen können.

1 Schneiden Sie die Krone der Hecke (hier Eibe) auf 30 cm unter die angestrebte Höhe zurück. Dann nur eine Seite bis zum Stamm zurückschneiden. Andere Seite nur stutzen, bis ein guter Laubmantel verbleibt.

2 Wenn sich die zurückgeschnittene Seite erholt hat und dicht und kraftvoll wächst (für gewöhnlich nach zwei Jahren), kann man die andere Seite bis zum Stamm zurückschneiden.

IMMERGRÜNE STRÄUCHER UND KONIFEREN SCHNEIDEN

!! 5–20 MINUTEN PRO PFLANZE

- **Ein umsichtiger Rückschnitt erhält Pflanzen in Form und gibt ihnen Kraft**
- **Ein regelmäßiger Schnitt lässt die Pflanzen das ganze Jahr über ordentlich und schön wirken**
- **Ein schneller jährlicher Beschnitt verlängert die Lebensdauer von Lavendel und Ginster, indem sie nicht verholzen und ausdünnen**

Immergrüne sind unverzichtbare Gartenpflanzen, die das Ganze Jahr Form und Farbe spenden und nur wenig Pflege benötigen. Die meisten müssen nur zurückgeschnitten werden, wenn sie anfangen, unordentlich zu wirken oder zu groß werden. Kuppelbildende Sträucher wie Lavendel und Ginster müssen nur ein Mal im Jahr gestutzt werden, Koniferen dagegen gar nicht, sie benötigen nur leichten Formschnitt.

■ Immergrüne können bis Hochsommer zurückgeschnitten werden, aber nicht im Herbst oder Winter.

TIPPS

❀ Wenn ein immergrüner Strauch über den ihm zugedachten Platz hinaus wächst, muss er manchmal hart zurückgeschnitten werden. Dies gilt unter anderem für Aralie (*Fatsia*), Spindelstrauch (*Euonymus*), Choysia, Ilex und die kleinblättrige Strauch-Heckenkirsche (*Lonicera nitida*).

❀ Düngen, wässern und mulchen sie nach jedem drastischen Rückschnitt (*siehe S. 17*). Dies fördert kraftvollen neuen Wuchs, der weniger anfällig gegen Herbst- und Winterfröste ist.

❀ Für Stutzen und Formschnitt geeignete Sträucher sind u.a.: Ilex, *Lonicera nitida*, Buchsbaum (*Buxus*), Aukube (*Aucuba*), Ölweide (*Elaeagnus*), Lorbeer.

Immergrüne Sträucher auslichten, um tote und kranke Triebe und unproduktive Zweige zu entfernen, die die Mitte zuwuchern. Alle zu langen oder unsauber wachsenden Triebe entfernen, die die Ausgewogenheit stören.

Viele immergrüne Sträucher wie Ilex und Spindelstrauch eignen sich für einen formalen Schnitt und werden im Sommer hin und wieder in die gewünschte Form gestutzt. Eine einfache Säule, ein Kegel oder eine Kuppel erzielt man leicht.

Lavendel und Ginster stutzen, um alte Blüten zu entfernen und eine saubere Kuppel zu erzielen. Für schnelles Arbeiten eine leichte Einhand-Heckenschere verwenden. Zu dünne Pflanzen um ca. ein Drittel zurückschneiden.

Koniferen bei Bedarf leicht mit der Heckenschere stutzen. Niemals bis zum Stamm zurückschneiden: Mit Ausnahme des Eibisch (*Taxus*) treiben Koniferen keinen neuen Wuchs aus dem blanken Holz.

▶ *Wie die meisten immergrünen Sträucher müssen auch Kamelien kaum gestutzt werden.*

PFLEGE VON STRÄUCHERN UND BÄUMEN IN KÜBELN

!!! 15–30 MINUTEN PRO TOPF/KÜBEL

• Sträucher und Bäume in Kübeln, Terrassen und gepflasterte Bereiche können ein starker Blickfang sein
• Es braucht nur minimale Pflege, um die Pflanzen in Form zu halten

Sträucher und Bäume in Kübeln verleihen jeder Terrasse eine mediterrane Aura. Bis auf die größten Exemplare können alle Gehölze in Kübeln gepflanzt werden. Immergrüne Gehölze sind geeignet, weil sie das ganze Jahr über attraktiv sind. Daneben gibt es Gehölze für jede Verwendung, etwa eine elegant säulenförmige Konifere oder auch die riesigen, urwaldartigen Blätter der *Fatsia japonica* für ein eher tropisches Ambiente. Die Pflege dieser vielseitigen Pflanzen erfordert wenig Zeit, ist aber unerlässlich.

■ Schenken Sie den Pflanzen neue Kraft, indem Sie sie Mitte des Sommers düngen.

TIPPS

❀ Verwenden Sie beim Umtopfen einen Topf, der nur wenig größer ist als der alte.

❀ Wenn Kalk liebende Pflanzen wie Rhododendron oder Kamelie erschöpft aussehen, düngen Sie sie mit einem Spezialdünger für diese Pflanzen.

❀ Setzen Sie Gehölze nie in einen sich oben verengenden Topf. Es ist praktisch unmöglich, den Wurzelballen durch den engen Hals zu manövrieren.

Sträucher und Bäume in Kübeln sollten Sie im Frühjahr, wenn sie ihren ersten Wachstumsschub haben, durch Gießen mit einem ausgewogenen Flüssigdünger neue Kraft geben.

1 Ausgewachsene Pflanzen profitieren von einer frischen Deckschicht Erde. Die alte Deckschicht zuvor vorsichtig einige Zentimeter tief abheben, ohne die Wurzeln zu beschädigen.

2 Mit lehmiger Blumenerde oder, bei kalkempfindlichen Pflanzen wie Azaleen, einer sauren Blumenerde bis zum ursprünglichen Stand auffüllen. Mulch aus Rindenchips hilft bei der Wasserbindung.

1 Jüngere Pflanzen müssen alle ein bis zwei Jahre umgetopft werden. Eine Stunde vorher gut wässern, damit sich der Wurzelballen leichter löst. Kübel auf die Seite legen und die Pflanze vorsichtig herausziehen.

2 Vorsichtig mit der Handgabel möglichst viel alte Erde vom Wurzelballen entfernen, dann vorsichtig verfilzte Wurzeln lösen, ohne sie zu beschädigen.

3 Tonscherben in einen ein bis zwei Größen größeren Topf geben, dann eine Schicht Blumenerde einfüllen, die Pflanze in die Mitte setzen und die Wurzeln ausbreiten. Mit frischer Blumenerde auffüllen und andrücken.

RASEN – DER ERSTE SCHNITT

!!! 20–30 MINUTEN PRO 100 QM

- **Regelmäßiges Mähen sorgt für eine dichte, gleichmäßige Grasnarbe, die Unkraut und Moos keine Chance lässt**
- **Es verhindert das Wachstum von grobem Gras und lässt die feineren Gräser gedeihen**
- **Ein sauber gemähter Rasen lässt den ganzen Garten gut aussehen**

Der Rasen ist ein wichtiger Teil des Gartens. Er ist eine Nutzfläche, aber auch eine ruhige, grüne Oase. Ein ungepflegter Rasen kann den ganzen Garten vernachlässigt wirken lassen, aber sobald er ordentlich gemäht und abgestochen ist, erlebt er eine schöne Erneuerung. Durch regelmäßiges Mähen wird der Rasenteppich auch dichter, so dass Unkraut erstickt und das Risiko von Erkrankungen vermindert wird. Die Schnitthöhe hängt von der Grassorte ab: von 5 cm für grobes Gras bis zu 5 mm für feinsten Zierrasen.

TIPPS

❀ Wurmhäufchen können lästig sein, aber Würmer sind unverzichtbar, weil sie den Boden belüften, lockern und wasserdurchlässiger machen.

❀ Sparen Sie Zeit mit dem richtigen Rasenmäher. Ein Luftkissenmäher etwa kommt gut mit unebenem Boden zurecht, während die breiteren Schnittbahnen der großen Maschinen die Arbeit auf ausgedehnten Flächen erleichtern.

❀ Wenn das Kantentrimmen zu viel Zeit erfordert, empfiehlt sich eine Raseneinfassung aus Ziegeln oder Platten, die bündig mit dem Gras liegen. Der Rasenmäher kann einfach auf diese Einfassung rollen und so auch das Gras an der Kante schneiden.

1 Eventuell vorhandene Wurmhäufchen mit dem Besen verteilen. Feuchte Häufchen vorsichtig mit einer Kelle abheben, damit keine Verschmierungen beim Mähen zurückbleiben. Regenwürmer sind unverzichtbar für die Belüftung des Bodens.

2 Die Messer für die ersten Schnitte höher als normal einstellen und den Grasschnitt mit einem Fangkorb auffangen oder mit dem Fächerbesen zusammenharken. Oder einen Mulchmäher (*siehe S. 71*) verwenden, der das Gras klein schneidet.

Ein elektrischer Rasentrimmer erleichtert das Schneiden der Rasenkante. Eine langstielige Kantenschere ist ebenfalls nützlich. Mit handbetriebenen Kantenscheren kann das Beschneiden großer Rasenflächen sehr mühselig werden.

Ungerade Rasenkanten mit einem Halbmond-Kantenstecher und einem Brett zur ordentlichen Ausrichtung begradigen. Für ausgedehnte Rasenflächen empfiehlt sich ein motorbetriebenes Gerät.

▶ *Ein regelmäßig gemähter Rasen bietet die perfekte Kulisse für farbenfrohe Beete und Rabatten.*

BODENVORBEREITUNG FÜR RASENMATTEN UND -AUSSAAT

!!! 45–60 MINUTEN PRO QM

- **Eine gründliche Bodenvorbereitung schützt vor Zeit raubenden späteren Problemen**
- **Sie schafft die perfekte Oberfläche für Rasen: Das Gras wurzelt schnell und einfach und es entsteht ein guter Rasen, der den Belastungen des Sommers widerstehen kann**

Eine gründliche Bodenvorbereitung ist wichtig für einen schönen Rasen, egal, ob man nun Rollrasen (*siehe S. 38*) bevorzugt oder lieber selber sät (*siehe S. 87*). Es ist eine schwere und mühselige Arbeit, spart aber auf lange Sicht viel Zeit, da die jetzt aufgewendete Sorgfalt zukünftige Schwierigkeiten reduziert. Bei großen Flächen sollten Sie in Betracht ziehen, einen Gärtner zu beauftragen.

Eine gründliche Unkrautentfernung stellt sicher, dass Unkraut wie Ampfer und Löwenzahn, das sich aus der Wurzel regeneriert, später keine Chance hat.

Umgraben lockert den Boden und sorgt so für eine gute Durchlässigkeit. Außerdem werden dabei größere Fremdkörper wie Steine und Bauschutt entfernt, die das Rasenwachstum behindern. Die Zugabe organischen Materials wie gut verrottetem Stalldung oder verbrauchtem Champignonkompost verbessert die Textur leichter wie schwerer Böden, indem sie gleichzeitig für eine bessere Wasseraufnahme und Drainage sorgt.

Ein Problem kann bei Neubauten auftreten, wenn das Bauunternehmen die gute Deckschicht entfernt und nur minderwertigen Boden hinterlassen hat, auf dem das Gras sich schwer tut. Die einzige Lösung hier besteht darin, die Unterschicht zu glätten und neue Mutter-

1 Wucherndes Unkraut mit einem für Mensch und Tier unbedenklichen, systematischen Herbizid besprühen. Abgestorbenes Unkraut nach drei bis vier Wochen entfernen.

2 Die gesamte Fläche mindestens gabeltief umgraben und Steine und Bauschutt wegräumen. Bei größeren Flächen lohnt sich der Einsatz einer motorisierten Messeregge oder eines Minipflugs, die Zeit und Mühe sparen.

3 In arme und schlecht drainierte Böden reichlich organisches Material wie gut verrotteten Stalldung einarbeiten. Das bringt Nährstoffe ein, öffnet schwere Böden und lockert leichtere, sandige Böden auf.

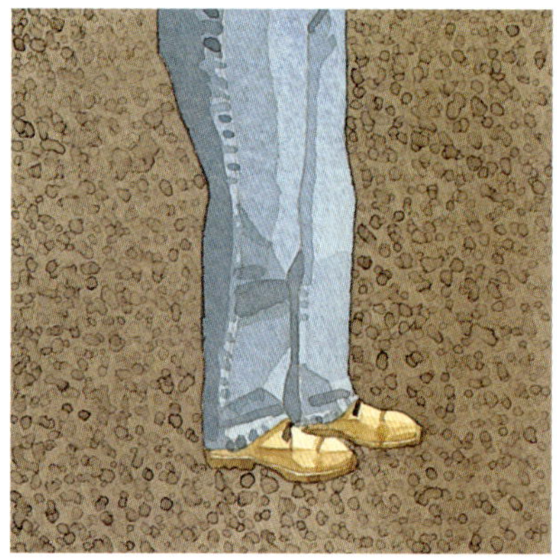

4 Boden mit der Harke glätten und größere Klumpen zerkleinern, bis er fein krümelig ist. Dann die Erde der gesamten Fläche mit kleinen, eng gesetzten Stampfschritten festigen.

TIPPS

❀ Wenn der Boden mit Wurzelunkraut wie der Winde befallen ist, können zwei Anwendungen mit Herbizid nötig sein. Warten Sie also nach dem ersten Sprühen 3–4 Wochen, ob sich neue Triebe zeigen.

❀ Bringen Sie beim ersten Umgraben von schweren oder staunassen Böden oder Böden, die zu Staunässe neigen, reichlich Schotter oder Kies ein, um den Boden zu lockern und die Drainage zu verbessern.

❀ Graben Sie schwere Böden zur Zeitersparnis im feuchten, aber nicht nassen Zustand um. Ein Lehmboden kann beispielsweise im trockenen Zustand unmöglich zu bearbeiten sein und nass sehr schwere Arbeit erfordern.

❀ Wenn Sie den Boden anheben müssen, ist das Aufschütten mit lose gekaufter Erde am billigsten. Prüfen Sie die Qualität (gegenüberliegende Seite) und lassen Sie die Erde so nahe an der Rasenfläche abkippen wie möglich.

erde aufzuschütten. Sie ist zwar abgepackt erhältlich, aber es ist preiswerter, sie lose anliefern zu lassen. Kontrollieren Sie die Qualität der gelieferten Erde vor dem Abkippen sorgfältig. Es sollte gut durchlässiger, sandiger Lehm ohne größere Mengen von Steinen oder Wurzeln sein.

Durch eine sorgfältige Nivellierung vermeidet man Probleme durch unebenen Boden: etwa kahle Stellen, an denen der Rasenmäher aufsetzt und auf denen sich unweigerlich Unkraut anpflanzt, oder auch die Arbeit, die entsteht, wenn man Rollrasen wieder abheben muss, um den Boden neu zu nivellieren (*siehe S. 40*).

Die meisten Gärtner nivellieren nach Augenmaß und mit Hilfe eines auf den Boden gelegten Bretts, das beim Aufspüren von Unebenheiten hilft, aber Sie können auch Pflöcke und Gartenleine verwenden. Markieren Sie eine Reihe von Pflöcken 5 cm unter dem oberen Ende und treiben Sie sie bis zur Markierung in den Boden, so dass ein Gittermuster entsteht. Legen Sie ein Brett und eine Wasserwaage über die Pflöcke und korrigieren Sie die Höhe, bis die Oberseiten alle auf gleicher Höhe sind. Jetzt ist es kein Problem mehr, die Erde mit der Harke anhand der Markierungen zu nivellieren.

Harken und Düngen ermöglichen Rollrasen und Samen einen guten Start, indem die Wurzeln eine angenehme Umgebung haben und das Gras bis in den Herbst genährt wird. Durch gründliches Wässern vor dem Auslegen oder Säen kann der Rasen schnell anwachsen.

■ Die zweite gute Saison für die Bodenvorbereitung liegt zwischen Mitte und Ende Herbst.

5 Boden mit Hilfe einer darüber gelegten Brettkante auf Unebenheiten überprüfen. Unebenheiten durch Zugabe oder Wegnahme von Erde ausgleichen und Boden erneut mit kleinen Stampfschritten festigen, bis er vollständig eben ist.

6 Bodenoberfläche mit der Harke fein krümelig rechen, dann ungefähr eine Woche warten, bis eventuell vorhandenes Unkraut austreibt. Mit Herbizid besprühen und abgestorbenes Unkraut entfernen.

7 Einige Tage vor dem Auslegen 50 g pro qm eines ausgewogenen Bodendüngers ausbringen und leicht einarbeiten. Dies versorgt das Gras im Frühjahr und Sommer mit Nährstoffen.

8 Trockenen Boden vor dem Auslegen gründlich wässern, damit der Rasenboden sich schnell mit der Erde verbindet und das Gras kräftig anwächst. Der Boden sollte bis zu einer Tiefe von mindestens 10 cm durchfeuchtet sein.

▶ *Im Falle eines vernachlässigten, von Unkraut überwucherten oder schlecht drainierten Rasen ist es besser, ihn umzugraben und von vorne zu beginnen.*

ROLLRASEN AUSLEGEN

!!! 10 MINUTEN PRO QM

• Rollrasen ist der einfachste Weg zu einem neuen Rasen
• Das Auslegen ist einfach, methodisch und narrensicher
• Rollrasen bringt ein Erfolgserlebnis binnen weniger Stunden
• Der Rasen kann genutzt werden, sobald das Gras kräftig wächst (meist binnen weniger Wochen)

Rollrasen ist der einfachste Weg zu einem neuen Rasen und man wird innerhalb nur weniger Stunden mit einem ganz neuen Erscheinungsbild des Gartens belohnt. Das Ziehen aus Samen (*siehe S. 87*) ist sicherlich billiger, aber das Gras braucht viel länger zum Anwachsen.

Die Art des Rollrasens wird so bestimmt, wie Sie leben und wie Sie den Rasen nutzen möchten. Gartencenter führen meist zwei Qualitäten. Nutzrasen enthält einen großen Anteil kräftigerer Gräser, die einiges an Belastung aushalten können: Er ist ideal für Familien mit Kindern und Haustieren. Zierrasen besteht zu einem größeren Teil aus feinen Gräsern, die einen feineren Grasteppich bilden und sich für durchschnittliche Belastung eignen.

Es lohnt sich, nach einem spezialisierten Händler für Rollrasen zu suchen, der eine breitere Auswahl an Gräsern von Sport- bis zu reinem, samtigen Zierrasen führt. Die besseren Händler ziehen ihren Rollrasen auf einem feinen Gitternetz, so dass er fester wird und beim Auslegen nicht so schnell bricht.

Die Qualität ist ausgesprochen wichtig, da es recht mühsam ist, schadhaften oder unkrautigen Rasen wieder in Form zu bringen. Kontrollieren Sie die Rasenmatten bei der Anlieferung sorgfältig. Guter

1 Rollrasen möglichst schnell nach dem Kauf auslegen. Wenn eine Verzögerung von einem Tag unvermeidlich ist, die Matten im Schatten auf Kunststofffolie oder Wegplatten auslegen und gut feucht halten.

2 Den Boden gut wässern (*siehe S. 37*) und die ersten Reihe mit Hilfe einer Plattenkante oder Gartenleine auslegen. Nicht an den Matten ziehen und die Kanten eng aneinander legen!

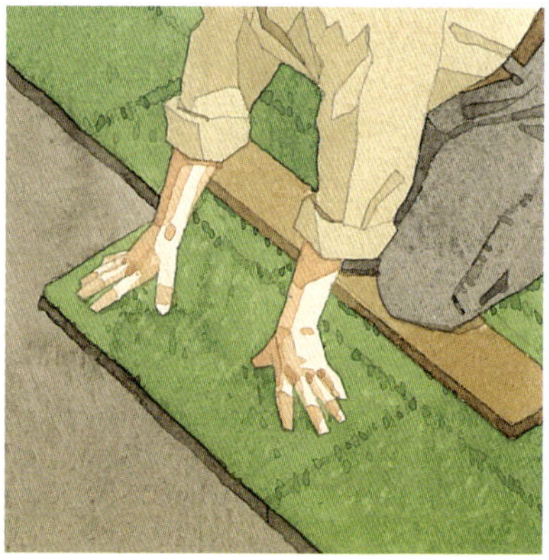

3 Ein Brett zum Schutz des Grases als Unterlage nehmen und die zweite Reihe Grasmatten legen. Die Matten wie bei einer Ziegelwand versetzen, um Lücken so klein wie möglich zu halten. Weitere Reihen auf die gleiche Weise legen.

4 Matten mit dem Rücken einer Harke fest stampfen. So verbindet sich die Matte mit dem Boden und es entstehen keine Lufttaschen, so dass das Gras schnell wurzelt und kräftig anwächst. Man kann auch eine leichte Walze verwenden.

TIPPS

❀ Bei sehr großen Flächen sollten Sie einen spezialisierten Händler ansprechen, der extra lange Rollen führt, die mit einer Spezialmaschine ausgelegt werden, die man mieten oder leihen kann. Mit dieser Maschine ist eine 25-m-Bahn in wenigen Minuten ausgelegt.

❀ Wenn zum Abschluss einer Reihe ein kleines Stück gebraucht wird, legen Sie es besser mitten in die Reihe statt ans Ende, weil es dort schneller austrocknet.

❀ Hin und wieder werden Sie ein sehr dünn geschnittenes Stück Rollrasen finden, das Sie dann mit zusätzlicher Erde auf das Niveau der restlichen Stücke anheben müssen. Auch kann es sein, dass Sie Erde wegnehmen müssen, um ein besonders dickes Stück bündig zu legen.

❀ Wenn eine frisch gelegte Rasenkante der heißen Sonne ausgesetzt ist, häufeln Sie Erde entlang der Kante an, um sie so vor dem Austrocknen zu schützen, bis der Rasen sicher angewachsen ist.

Rollrasen ist satt grün, gut gemäht und dicht mit sauber gestochenen Kanten. Die Erde sollte ein guter Lehm sein; auf sandigem Boden gezogener Rollrasen bricht leicht und ein schwerer Lehmboden kann später Probleme bereiten, indem er schnell austrocknet und reißt. Achten Sie auch auf das Alter: Junger Rollrasen (idealerweise zwischen 12 und 14 Monate alt) wurzelt viel problemloser als alter, der sehr viel Wasser zum Anwachsen benötigt.

Sobald der Rollrasen ausgelegt ist, muss er während der ersten 3–4 Wochen und bei heißem, trockenem Wetter im ersten Sommer gründlich gewässert werden. Sie können den Rasen direkt nach dem Auslegen betreten, sollten die Belastung aber möglichst gering halten. Das Gras sollte mindestens zwei Monate lang nicht schwer belastet werden, damit es seine Energien auf das Wurzeln konzentrieren kann, statt auf die Regenerierung abgeknickter Halme.

Wenn das Gras ca. 4 cm hoch ist, können Sie mit regelmäßigem Mähen beginnen. Stellen Sie die Schnitthöhe während der ersten paar Schnitte auf höchste Stufe (nie weniger als 2,5 cm für einen Nutzrasen) und verringern Sie sie über die nächsten Wochen. Verwenden Sie möglichst einen leichten Rasenmäher – ein Luftkissenmäher ist ideal. Sammeln Sie die Schnittreste in den ersten Wochen mit dem Fangkorb oder harken Sie sie von Hand zusammen.

■ Man kann Rollrasen auch im Herbst und bei mildem Winterwetter auslegen, solange kein Frost angekündigt ist. Auslegen ist auch im Sommer möglich, erfordert bei trocken heißem Wetter aber viel Wasser.

5 Wenn der Rasen komplett verlegt ist, überschüssigen Rasen mit einem Halbmond-Kantenstecher und einem Brett als Richtlinie abstechen. Bei sehr langen Kanten Pflöcke und Leine verwenden und das Brett an der Leine ausrichten.

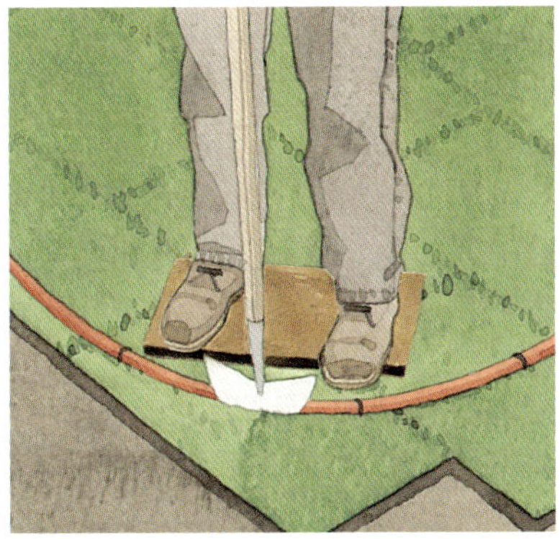

6 Geschwungene Kanten mit einem Gartenschlauch oder Seil markieren. Kantenverlauf aus allen Richtungen, einschließlich Hausfenster, prüfen. Schlauch oder Seil am Boden fixieren. Vorsichtig mit dem Kantenstecher daran entlang stechen.

7 Mit Gartensand vermischte Erde über den Rasen streuen und sorgfältig mit einem Besen verteilen. Dadurch werden schmale Zwischenräume aufgefüllt, so dass sich die Matten verbinden und gut anwachsen.

8 Gründlich wässern, bis die Matten gesättigt sind (eine der äußeren Matten anheben, um zu prüfen, ob die Unterseite nass ist). Bei trockenem Wetter gut wässern, damit die Wurzeln anwachsen und die Matten nicht schrumpfen.

▶ *Beim Anlegen eines neuen Rasens sollte man nur die beste Qualität verwenden.*

RASEN NACHSÄEN

!! 5 MINUTEN PRO QM

• Nachsäen geht schnell und verbessert beschädigten, fleckigen Rasen in wenigen Wochen
• Es verringert den Aufwand, abgenutzte Stellen mit neuem Rollrasen zu flicken

Stark belastete Rasenflächen – z. B. schmale Graswege – können schnell beschädigt und fleckig werden. Es mag zwar sinnvoll erscheinen, diese Stellen einfach neu auszulegen, aber das Problem wird immer wieder auftreten. Die beste und schnellste Methode besteht in einer Nachsaat. Diese Technik wird von Fachleuten angewendet, um beschädigte Bereiche zu reparieren und in wenigen Wochen wieder zu einem satt grünen Teppich zu machen. Im Frühjahr nachgesäte Flächen werden in der Sommermitte voll angewachsen sein. ■ Man kann im Herbst nachsäen.

TIPPS

❀ Sparen Sie sich Zeit und Ärger, indem Sie den richtigen Samen wählen. Für Schatten wählen Sie eine spezielle Mischung. Wenn das Problem in zu starker Nutzung liegt, nehmen Sie eine robuste englische Raigrasmischung.

❀ Völlig kahle Stellen, auf denen der Samen gut sichtbar ist, sollten mit einem Netz vor Vögeln geschützt werden.

▲ *Die Nachsaat ist die perfekte Technik, um beschädigte Graswege zu reparieren.*

1 Gras kräftig mit einem Fächerbesen überharken, um den Boden aufzurauen. Dies geht am schnellsten, wenn der Boden feucht ist.

2 35 g Grassamen pro qm ausbringen und in den Boden rechen. Angießen und gut wässern, bis das Gras kraftvoll wächst.

UNEBENHEITEN AUSGLEICHEN

!!! 10–15 MINUTEN PRO STELLE

• Der schnelle Weg zu einem glatten, ebenen Rasen

Unebenheiten im Rasen sind unschön und erhöhte Stellen, die vom Rasenmäher »skalpiert« werden, sind sehr schnell kahl.

TIPPS

❀ Nivellieren Sie den Rasen, wenn der Boden feucht ist, damit sich die Grasnarbe leicht zurückziehen lässt.

❀ Verteilen Sie nach dem Nivellieren gute Blumenerde oder mit Sand gemischten Gartenkompost über das »H«, damit sich die Fugen wieder schließen.

1 Unebenheit rundum mit einem Spaten oder Kantenstecher in Form eines »H« einschneiden. Grasnarbe mit einem scharfen Spatenblatt ca. 2,5 cm dick ablösen und vorsichtig zurückziehen, ohne sie zu brechen oder zu beschädigen.

2 Erhöhungen mit einer Kelle abtragen, bis der Boden eben ist. Höhlungen mit Lehmerde oder guter Blumenerde auffüllen. Grasnarbe wieder auslegen, überprüfen, ob der Rasen eben ist, und fest stampfen und gut angießen.

FRÜHKARTOFFELN UNTER SCHWARZER FOLIE ZIEHEN

16 MINUTEN PRO 6 KNOLLEN

• Mit dieser Methode kann man geradezu narrensicher köstliche Frühkartoffeln ziehen, ohne graben zu müssen
• Sobald das Beet vorbereitet ist, sind keine weiteren Erdarbeiten erforderlich
• Unkräuter werden durch die Polyäthylenfolie erstickt

Der traditionelle Kartoffelanbau kann Zeit raubend sein: Zunächst müssen die Knollen in eine Furche gesetzt und die Erde regelmäßig um das Blattwerk angehäufelt werden, um eine gute Ernte zu garantieren. Zur Ernte werden die Knollen ausgegraben, wobei sie häufig Schäden davontragen.

Dagegen ist die Anzucht unter schwarzer Folie recht einfach. Dabei ist die gewissenhafte Bodenvorbereitung wie bei allen Pflanzvorhaben entscheidend. Kartoffeln brauchen besonders fruchtbaren Boden, also muss das Beet mit reichlich organischem Material wie gut verrottetem Stalldung aufbereitet werden.

Vorausgesetzt, der Boden ist gut feucht, aber nicht staunass, wenn die Kartoffeln gepflanzt werden, benötigen sie – abgesehen von Vorsorge gegen Schneckenfraß (*siehe S. 125*) – keine weitere Pflege. Die schwarze Folie schließt die Feuchtigkeit ein, so dass die Pflanzen in ihrer relativ kurzen Wachstumsphase nicht erneut gewässert werden müssen.

Verwenden Sie für diese Methode immer schnell wachsende Frühsorten. Man spricht von früher und zweiter früher Ernte, aber für diesen Anbau sind beide Arten geeignet, die eine Vielzahl von Sorten umfassen. Nehmen Sie nur Sorten, die anerkannt resistent gegen Erkrankungen sind.

TIPPS

❀ Saatkartoffeln (kleine Knollen) werden meist sechs Wochen vor der Pflanzzeit gekauft und an einem hellen, frostfreien Ort auf flachen Tabletts zum Keimen ausgebreitet. Lassen Sie für kleinere (aber mehr) Kartoffeln beim Pflanzen alle Triebe intakt oder entfernen Sie sie bis auf zwei oder drei Triebe für größere (aber weniger) Kartoffeln.

❀ Nehmen Sie dicke schwarze Kunststofffolie zum Abdecken. Werden die Kartoffeln Licht ausgesetzt, entwickeln sie grüne Flecken. Diese Bereiche sind giftig und müssen entfernt werden.

▲ *Frisch geerntete, selbst gezogene Kartoffeln schmecken einfach unvergleichlich.*

1 Eine schwarze Kunststofffolie über das Beet ausbreiten und die Ränder mit Erde beschweren oder in den Boden stecken. An ungeschützten Standorten mit Holzlatten sichern.

2 Folie in 30-cm-Abständen kreuzförmig einschneiden und einzelne Kartoffeln 10–15 cm tief in den Löchern vergraben. Während die Pflanzen wachsen, Schneckenkörner um die Triebe verteilen, um Schaden von den neuen Knollen abzuwenden.

3 Die ersten ganz geöffneten Kartoffelpflanzen zeigen an, dass die Kartoffeln erntereif sind (in der Regel nach 10–12 Wochen), und über die nächsten Wochen können einzelne Pflanzen geerntet werden. Triebe dicht über dem Boden abschneiden.

4 Folie zurückschlagen, um die auf oder dicht unter der Erde liegenden Knollen freizulegen. Sie können mit der Hand eingesammelt werden – ohne graben zu müssen. Folie zum Schutz der ungeernteten Knollen wieder ausbreiten.

PFLÜCKSALATE ANBAUEN

10 MINUTEN PRO 2 M REIHE

- **Pflücksalate sind sehr langlebige Pflanzen**
- **Einzelne Blätter können nach Bedarf geerntet werden**
- **Sehr dekorativ und länger erntefähig als Bindesalate**
- **Gute Resistenz gegen Schädlinge und Krankheiten**

Alle Salate sind leicht aus Samen zu ziehen, aber loseblättrige Gartensalate sind besonders produktiv. Sie bilden kein Herz und man kann einzelne Blätter über sehr lange Zeit ernten. Mit ihren gekräuselten oder eichenblättrigen Blättern sind sie sehr dekorativ und können sowohl in Beeten und Rabatten als auch im Küchengarten gezogen werden. Pflanzen Sie sie an einem sonnigen Standort in fruchtbaren, durchlässigen Boden und wässern Sie sie bei Trockenheit gut.

■ Loseblättrige Blattsalate können bis Mitte Sommer ausgesät werden.

TIPPS

❀ »Schneiden und Nachwachsen«-Methode: Säen Sie die Samen mit 8 cm Abstand in Löcher; vereinzeln Sie nicht. Ernten Sie die Spitzen, wenn die Sämlinge ca. 10 cm hoch sind und lassen Sie einen 2,5 cm hohen Strunk stehen. Dieser treibt erneut aus.

❀ Schützen Sie die Ernte vor Schnecken (*siehe S. 125*) und Unkraut.

▲ *Loseblättrige Pflücksalate (hier krause Endivie) haben eine lange Ernteperiode.*

1 Samen (*siehe S. 29*) in gut vorbereiteten fruchtbaren Boden säen. Sämlinge nach und nach auf 30 cm Abstand vereinzeln und einige überschüssige Sämlinge für die Verwendung in Frühsalaten einsetzen.

2 Wenn die Pflanzen ausgewachsen sind, einzelne Blätter nach Bedarf abernten. Wird der ganze Kopf gebraucht, einen 2,5 cm hohen Strunk stehen lassen, der in wenigen Wochen neu austreibt.

KAROTTEN ANBAUEN

15 MINUTEN PRO 2-M-REIHE

- **Selbst gezogene Karotten haben unschlagbare Süße und Geschmack**

Karotten wachsen am besten in leichtem, fruchtbarem Boden in der Sonne.

■ Karotten können in Folge bis zum Frühsommer gesät werden.

TIPPS

❀ Nehmen Sie Samen, der gegen die Möhrenfliege resistent ist.

❀ Pflanzen Sie auf schweren Böden stumpf- oder rundwurzelige Karotten.

1 Karotten ins Beet säen. Sämlinge auf 8 cm Abstand vereinzeln. Die entfernten Karotten sofort entsorgen, damit ihr Geruch keine Möhrenfliegen anlockt, die ihre Eier in die Schale legen. Die Larven können beträchtlichen Schaden anrichten.

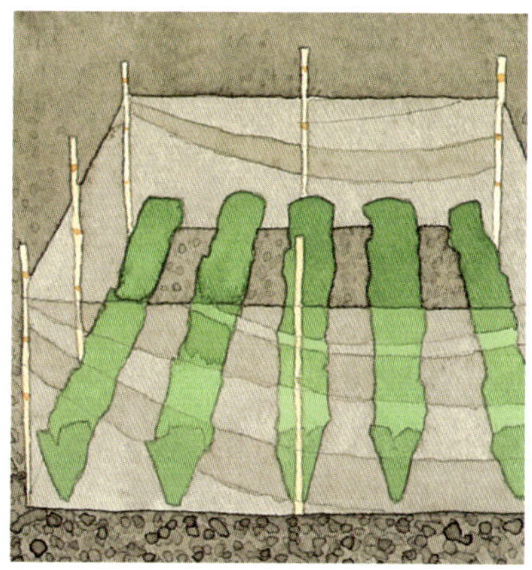

2 Weitere Schutzmaßnahmen gegen die Möhrenfliegen ergreifen. Es sind tief fliegende Insekten, so dass eine 60–90 cm hohe Barriere aus Gartenvlies oder durchsichtiger Kunststofffolie sie von den Pflanzen fern hält. Karotten bei Trockenheit gut wässern.

EIN GEMÜSEHOCHBEET ANLEGEN

	!	5–10 MINUTEN PRO QM

• **Die enge Pflanzung nutzt den Platz optimal aus**
• **Der fruchtbare, durchlässige Boden fördert gesunde, schnell wachsende Pflanzen und Ernten**

Ein Hochbeet ist eine Erleichterung für den Gemüsegärtner, da nach dem Anlegen kein weiteres Graben nötig ist. Ein Pflanzplan hilft bei der Anlage, da Sie sich so darüber klar werden können, was Sie pflanzen wollen und wie viel Platz Sie für die einzelnen Gemüse benötigen. Wenn Sie nur ein kleines Hochbeet haben, sollten Sie sich auf schnell reifende Kulturen wie Zuckerschoten, grüne Bohnen und Frühlingszwiebeln konzentrieren. Ein weiterer Vorteil des Hochbeets ist die enorme Fruchtbarkeit des Bodens, die eine dichtere Pflanzung als das traditionelle Reihen-System erlaubt, so dass auch ein kleines Hochbeet reiche Ernten liefert.

TIPPS

❀ Das Pflanzen in kleinen Blöcken ist praktisch. Eine Mischpflanzung verwirrt schädliche Insekten. So wird der Duft von Karotten durch den benachbarten Schnittlauch überdeckt und Möhrenfliegenbefall vermindert.

❀ Maximieren Sie die Erträge, indem Sie vertikalen Raum ausnutzen. Hängende Früchte wie Zucchini, Melonen und Gurken können an kräftigen Stützrahmen gezogen werden und kletternde Bohnen nehmen wesentlich weniger Platz ein als die Zwergsorten.

❀ Sparen Sie Zeit und Arbeit, indem Sie gegen Schädlinge und Krankheiten resistente Varietäten säen oder setzen.

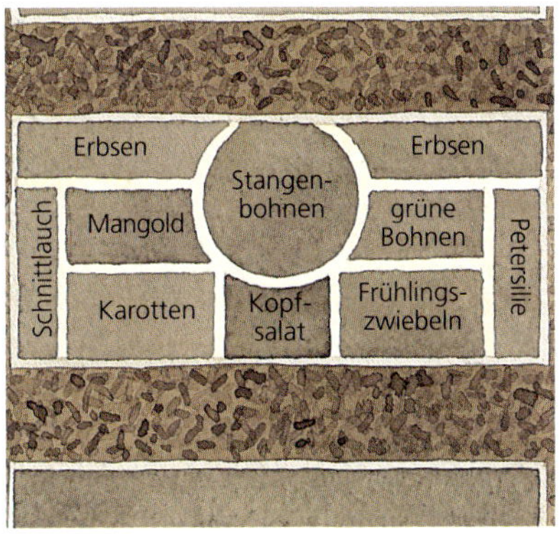

1 Sobald das Hochbeet angelegt ist (*S. 113*), einen Pflanzplan anlegen. Höhere Gemüsepflanzen (Erbsen und Buschbohnen) so anordnen, dass sie das Beet nicht überschatten. Petersilie, Schnittlauch und Erdbeeren eignen sich als Randbepflanzung.

2 Vom Weg aus alle Stützen einsetzen. Für Bohnen einen »Wigwam« aus 2,5 m langen Bambusstecken und Bast bauen. Erbsen mit einem weitmaschigen Kunststoffnetz zwischen zwei 90 cm hohen Stecken stützen.

3 Wurzelgemüse am besten vor Ort einsetzen, da sie Störungen übel nehmen. Den Saatbereich mit Silbersand markieren und die Samen wie Einjährige (*siehe S. 21*) in einzelne Löcher säen.

4 Gekaufte oder selbst gezogene Pflanzen in versetzten Reihen mit den empfohlenen Abständen ins Beet setzen. Diese Pflanzen verbinden sich zu einem dichten Teppich und nutzen so den Platz aus und ersticken gleichzeitig Unkräuter.

▶ *Ein dicht bepflanztes Gemüsebeet kann reiche Ernten liefern.*

GEMÜSE VOR SPÄTFROST SCHÜTZEN

!!! 1–2 MIN. FÜR 10 PFLANZEN

- **Ein einfacher Schutz bewahrt zarte, junge Pflanzen vor Frostschäden**
- **Durch den Schutz und die damit verbundene Wärme wachsen die Pflanzen schneller**
- **Schützt auch gegen schädliche Fluginsekten, die für junge Pflanzen besonders gefährlich sind**

So warm das Wetter in der Mitte des Frühjahrs auch sein mag, es besteht immer noch die Gefahr unzeitiger Spätfröste, die die jungen Pflanzen schädigen können. Zum Glück gibt es mehrere Wege, Pflanzen zu schützen, von denen die meisten auch noch das Wachstum beschleunigen, da sie am Tage höhere Temperaturen bieten. So wirken Plastikflaschen wie kleine Treibhäuser und auch Gartenvlies und Kunststofffolien bieten zusätzliche Wärme.

Jungpflanzen preiswert durch gebrauchte Limonadenflaschen aus Plastik schützen. Boden abschneiden, Verschluss entfernen und Flasche über die Pflanze setzen, um sie tagsüber warm zu halten und nachts zu schützen.

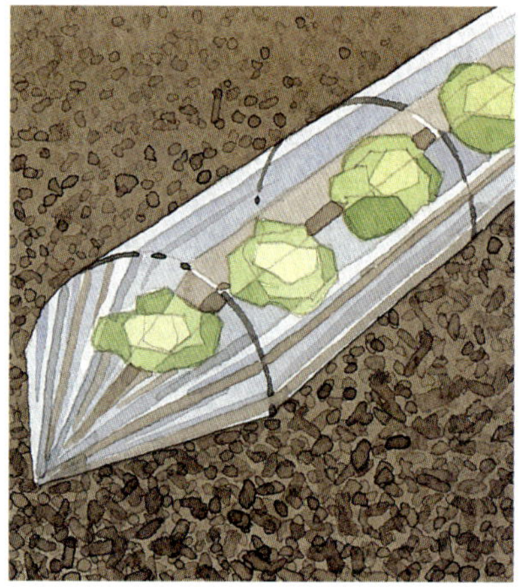

Zum Schutz frostempfindlicher Pflanzen wie Salat und junger Erbsen einen niedrigen Folientunnel spannen. Tunnel am Tag zum Schutz gegen Mehltau und Fäule an einem Ende öffnen.

Mit Erde am Rand beschwertes Gartenvlies bietet guten Frostschutz. Es schützt auch gegen Insekten und lässt reichlich Licht und Luft an die Pflanzen, kann also vor Ort belassen werden, bis die Frostgefahr vorüber ist.

Wenn nur Nachtfröste vorausgesagt sind, Pflanzen mit mehreren Lagen Zeitungspapier abdecken. Ränder mit Erde oder Latten beschweren und Papier tagsüber entfernen, um Licht an die Pflanzen zu lassen.

TIPPS

- Sparen Sie Zeit, indem Sie perforierte Folie für den Tunnel verwenden. Sie bietet gute Belüftung und muss daher tagsüber nicht geöffnet werden.
- Mit Gartenvlies oder einem Folientunnel abgedeckter Boden erwärmt sich, so dass man Pflanzen einige Wochen früher aussäen oder einsetzen kann.
- Mit Klammern zu einem »A« zusammengestellte, doppelwandige Polykarbonatplatten bieten eine hervorragende Isolierung und halten jahrelang. Reduzieren Sie den Windkanal-Effekt, indem Sie die Schmalseiten mit Platten verschließen.
- Bleiglasglocken sind sowohl praktisch als auch dekorativ.

Ein wenig zusätzlicher Schutz bewahrt alle neu gepflanzten und keimenden Gemüse vor unzeitigen Spätfrösten.

EINEN KRÄUTERTOPF BEPFLANZEN

! 15–30 MINUTEN PRO TOPF

- **Liefert frische aromatische Kräuter für Salate und warme Gerichte**
- **Der Topf kann gut erreichbar nahe der Küche aufgestellt werden**
- **Kräuter sind widerstandsfähig gegen Schädlinge und Krankheiten**
- **Die Blüten locken Schmetterlinge und Bienen in den Garten**

Frisch gepflückte Kräuter sind köstlich und ein Kräutertopf wirkt in jedem Garten attraktiv. Eine Mischung von Kräutern bietet schöne Farb- und Formkontraste. Die Blüten sind oft recht attraktiv und eine wertvolle Quelle für Bienen und Schmetterlinge. Es sind anspruchslose Pflanzen, die kaum je von Schädlingen und Krankheiten befallen werden und nur wenig Pflege benötigen. Stellen sie den Topf einfach an einen sonnigen Ort, wässern Sie ihn bei trockenem Wetter und düngen Sie ihn im Sommer ein Mal im Monat.

TIPPS

❀ Sparen Sie Zeit mit einem großen Topf: Das größere Erdvolumen bedeutet, dass Sie seltener gießen müssen.

❀ Drehen Sie den Topf gelegentlich, damit jede Pflanze Sonnenlicht erhält.

❀ Minze breitet sich schnell aus und überwuchert andere Pflanzen. Sie sollte also ihren eigenen Topf bekommen.

❀ Setzen Sie Schnittlauch und Petersilie oben in den Topf, um ihnen mehr Platz und Feuchtigkeit für die Wurzeln zu geben.

❀ Petersilie wird am besten als Einjährige behandelt und ist leicht aus Samen zu ziehen, solange die Erde feucht gehalten wird.

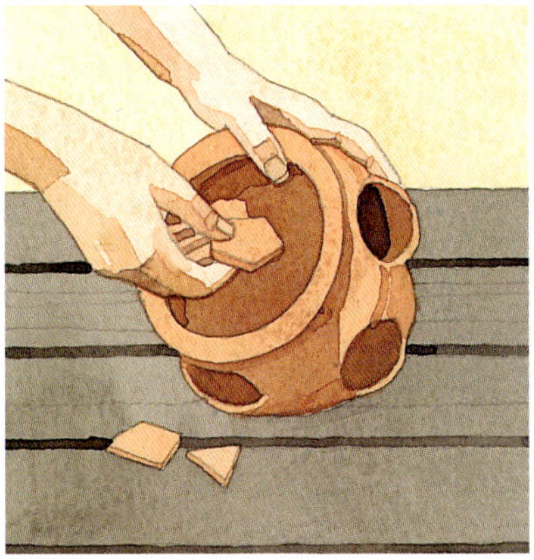

1 Kräuter wässern, dann den Boden des Topfs mit Tonscherben auslegen. So kann die Blumenerde das Abflussloch nicht verstopfen und die Kräuter bekommen den schnellen Wasserabfluss, den die meisten von ihnen benötigen.

2 Topf bis zu den ersten Pflanzlöchern mit Erde füllen. Lehmige Erde für gute Drainage verwenden. Torfige Erde kann im Winter zu viel Wasser halten.

3 Die ersten Kräuter vorsichtig von innen durch die Pflanzlöcher schieben. Mit Erde auffüllen und andrücken, um Lufttaschen zu vermeiden, dann eine zweite Lage Kräuter pflanzen.

4 Bis 5 cm unter den Rand mit Erde auffüllen, den Topf von oben bepflanzen und die Erde andrücken. Gründlich wässern, damit sich die Erde um die Wurzelballen schließt. Den Topf in die Sonne stellen.

▶ *Ein bepflanzter Kräutertopf ist sowohl praktisch als auch äußerst dekorativ.*

SPÄTES FRÜHJAHR

Das späte Frühjahr ist voller Leben – die letzten Blüten des Frühlings treffen auf die ersten des Sommers, Tulpen machen eine kurze Bekanntschaft mit den früh blühenden Rosen. Jetzt gibt es viel Arbeit, aber der Schlüssel liegt auch in der richtigen Planung. Wenn man jetzt den Rasen düngt, wächst er kräftig und man muss im Sommer kein lästiges Unkraut von kahlen Stellen vertreiben. Gleichermaßen stellt eine sorgfältige Auswahl und Pflanzung von Gartenblumen sicher, dass sie gut anwachsen und den Sommer hindurch farbenfroh blühen.

▲ *Der süße, frische Duft der Maiglöckchen* (Convallaria) *erfüllt im späten Frühjahr die Luft.*

FRÜH BLÜHENDE, LAUBWECHSELNDE STRÄUCHER SCHNEIDEN

!! 10–15 MINUTEN PRO STRAUCH

• Ein einfacher, zweistufiger Beschnitt für eine Vielzahl beliebter, früh blühender Sträucher
• Der Beschnitt vermehrt die Blüte, indem er neuen Wuchs fördert, der mehr und schönere Blüten trägt

Sträucher, die an den Trieben des vergangenen Jahres blühen, können schnell ungepflegt wirken, wenn man sie nicht beschneidet. Die Pflanze trägt dann zu viel altes, unproduktives Holz, es gibt zu wenig Wuchs aus der Basis und die Blüten stehen nur auf den jüngsten, obersten Trieben. Durch Beschnitt bleiben die Sträucher kompakt und in Form und es entsteht neuer Wuchs, der die Blüten des nächsten Jahres trägt. Zu den früh blühenden Sträuchern, die nach der Blüte beschnitten werden, zählen blühende Johannisbeere (*Ribes*), Forsythien, Kerria und die früh blühenden Formen von Spierstrauch und Tamariske.

■ Nehmen Sie die gleiche Schnittmethode für Pfeifenstrauch, Weigelia, Deutzia und Prachtspiere, nachdem sie im Sommer geblüht haben.

TIPPS

❀ Beschneiden Sie Sträucher in ihren Wachstumsjahren nur leicht und auch nur blütentragende Triebe. Ein richtiger Beschnitt kann erfolgen, sobald reife Höhe und Ausbreitung erreicht sind.

❀ Beschneiden Sie möglichst kurz nach der Blüte. So haben die Pflanzen ausreichend Zeit, neues Holz zu treiben, das über den Sommer reift und die Blüten des nächsten Jahres trägt.

❀ Verleihen Sie dem Strauch beim Beschnitt Form, indem Sie quer wachsende schwächliche Triebe ausschneiden.

❀ Der jährliche Beschnitt empfiehlt sich für Sträucher, die auf den Trieben des vergangenen Jahres blühen, aber sie bleiben auch in guter Form, wenn sie ein oder zwei Jahre unbeschnitten bleiben.

❀ Verwenden Sie zur Erleichterung der Arbeit bei Sträuchern wie Forsythien und Tamarisken eine Astschere für die kräftigeren Triebe. Bei hohen Exemplaren hilft eine langstielige Astschere.

❀ Gießen, düngen und mulchen Sie nach dem Beschnitt, um einen kraftvollen neuen Wuchs zu unterstützen.

1 Einige der älteren Haupttriebe ausschneiden, um den Strauch (hier Johannisbeere) zu öffnen und kraftvollen neuen Wuchs aus der Basis zu fördern.

2 Blütentragende Triebe über einer Knospe oder einem Seitentrieb zurückschneiden und den Schnitt schräg ansetzen. Die folgenden Triebe tragen die Blüten des nächsten Jahres.

BEETPFLANZEN AUSWÄHLEN

!! 5 MINUTEN FÜR 10 PFLANZEN

• Eine gründliche Prüfung vor dem Kauf spart Zeit und Ärger, kranke Exemplare wieder aufzupäppeln
• Die Auswahl gut gewachsener Pflanzen, die das richtige Alter zum Einsetzen haben, garantiert sorgenfreie, farbenfrohe Blütenpracht im Sommer

Einer der Schlüssel zu schöner Sommerblüte ist, wirklich gesunde Pflanzen auszuwählen. Pflanzen mit Wachstumsstörungen erfordern viel mehr Mühe und Zeit, um sie wieder in Form zu bringen. In dieser Jahreszeit ist der Umsatz an Pflanzen in den Gartencentern sehr hoch, so dass Sie ruhig einen oder zwei Tage warten sollten, statt sich mit minderwertiger Qualität zufrieden zu geben.

1 Eine Pflanze mit kräftig kompaktem Wuchs und leuchtend gefärbten Blättern ohne Anzeichen von Krankheiten oder Schädlingsbefall auswählen. Bei Blütenpflanzen darauf achten, dass die Krone viele gesunde Knospen trägt.

2 Unter den Topf schauen. Keine Pflanzen mit verfilzten Wurzeln um die Abflusslöcher kaufen. Pflanzen, bei denen nur einige wenige Wurzeln hervorlugen, sind genau richtig zum Einpflanzen.

Keine schwachen oder gelblichen Pflanzen kaufen. Schwache Pflanzen haben nicht genug Licht bekommen und eine Vergilbung deutet auf Unterernährung hin.

Keine welkenden Pflanzen kaufen. Sie sind evtl. mehrfach ausgetrocknet und die Wachstumsstörungen erzeugen bleibende Schäden. Die Pflanzen leben zwar nach dem Gießen wieder auf, erholen sich aber niemals völlig.

TIPPS

❀ Sukkulente Pflanzen wie Geranien (*Pelargonium*) zeigen selten Anzeichen des Verwelkens, auch wenn sie tagelang nicht gegossen wurden. Heben Sie den Topf an: Ein trockener Topf ist leichter, als ein gut gewässerter.

❀ Auf Saatstreifen gezogene Pflanzen sind vielleicht günstig, aber beim Vereinzeln ist eine Schädigung der Wurzeln unvermeidlich und sie brauchen länger zum Anwachsen.

❀ Stellen Sie die Pflanzen an einen warmen, hellen Ort im Haus, bis Sie sie einsetzen können. Halten Sie die Erde feucht.

❀ Wenn Sie früh kaufen oder das Einpflanzen sich verzögert, prüfen Sie regelmäßig die Wurzeln. Wenn sie verfilzen, topfen Sie die Pflanze in einen größeren Topf um.

► *Tabakpflanzen (*Nicotiana*) tragen monatelang eine Fülle von Blüten.*

BEETPFLANZEN EINPFLANZEN

! 10 MINUTEN PRO QM

• Beetpflanzen können zu interessanten Bildern kombiniert werden
• Für etwas Fürsorge bieten sie monatelange Farbenpracht
• Das Auspflanzen ist eine Zwischenlösung für neue Beete mit permanenten Pflanzen, indem es auch Unkräuter im Zaum hält

Beetpflanzen erfordern Zeitaufwand, aber sie sind für eine sommerliche Blütenpracht unverzichtbar und können daneben Beete und Rabatten auffüllen, bis permanentere Pflanzen zur Reife gelangt sind. Geranien (*Pelargonium*) mit ihren schönen Farben und Formen tolerieren auch mageren Boden und Trockenheit. Sie sind auch sehr leicht zu überwintern (*siehe S. 24 und 86*). Entfernen Sie regelmäßig verwelkte Blüten, um die Pflanze in Bestform zu halten.

1 Pflanzen nach dem letzten Frost einsetzen. Verdichtete Erde umgraben und fein krümelig harken. Pflanzen eine Stunde vor dem Setzen wässern, damit sich die Wurzeln besser mit der Erde verbinden.

2 Pflanze aus dem Topf heben und feste Wurzeln sanft lösen. Geschieht das nicht, wachsen sie weiter im Kreis, statt sich seitlich und nach unten auszubreiten.

3 Mit einer Schaufel ein für den Wurzelballen ausreichendes Loch ausheben. Pflanze so einsetzen, dass der Ballen knapp unter der Erde sitzt. Auffüllen und Erde um den Wurzelballen festdrücken.

4 Boden um die Pflanze leicht eindrücken, so dass die Oberseite des Wurzelballens bündig mit dem Boden ist. Auf diese Weise wird das Wasser besser zu den Wurzeln geleitet. Gut angießen.

TIPPS

❀ Graben Sie bei magerem Boden vor dem Pflanzen organisches Material in die Erde ein oder bringen Sie einen ausgewogenen Dünger aus.

❀ Setzen Sie die Pflanzen in versetzten Reihen entsprechend ihres endgültigen Platzbedarfs. Sie werden sich zu einem dichten Teppich ausbreiten.

❀ Wässern Sie Beetpflanzen bei Trockenheit in den ersten 3–4 Wochen gut, bis sie kräftig wachsen. Danach müssen sie nur gewässert werden, wenn sie Schwächeanzeichen zeigen oder eine längere Trockenperiode droht.

❀ Tabakpflanzen (*Nicotiana*), Stiefmütterchen (*Viola*), Begonien, fleißige Lieschen (*Impatiens*) und Fuchsien sind pflegeleichte Pflanzen für den Halbschatten.

▶ *Die freiblühenden und kompakten fleißigen Lieschen* (Impatiens) *sind ideale Beetpflanzen für einen Farbtupfer im Halbschatten.*

TEICHBEPFLANZUNG

!! 10 MINUTEN PRO PFLANZE

• Teichpflanzen bieten mit einer Mischung aus immergrünen und blühenden Varietäten das ganze Jahr Farbe und Schönheit
• Sie brauchen nach dem Pflanzen wenig Pflege und sind sehr resistent gegen Schädlinge und Krankheiten
• Die schwimmenden Blätter der Wasserlilien erzeugen Schatten, der das Algenwachstum hemmt

Wenn es wärmer wird, ist es die richtige Zeit, einen Teich zu bepflanzen. Es bieten sich eine Vielzahl von Pflanzen an, allen voran Wasserlilien (*Nymphaea*). Diese schönen Pflanzen sind ideal für einen Gartenteich und haben schön geformte Blätter. Sauerstofferzeugende Pflanzen wie die Papageienfeder (*Myriophyllum aquaticum*) sind ebenfalls wichtig für die Gesundheit des Teichs und seiner Lebensformen.

▲ *Ein gut und abwechslungsreich bepflanzter Gartenteich ist immer eine Freude für Mensch und Tier.*

1 Einen für die Pflanzenwurzeln ausreichend großen Pflanzkorb mit Sackleinen ausschlagen.

2 Korb teilweise mit feuchter Lehmerde oder speziellem Teichsubstrat füllen und die Pflanze (hier Schwertlilie) in die Mitte setzen und leicht andrücken.

3 Mit weiterer Erde bis 2,5 cm unter den Rand auffüllen und um die Pflanze herum festdrücken.

4 Oberfläche 1 cm hoch mit Kieseln bedecken, damit die Erde beim Absenken ins Wasser nicht weggespült wird.

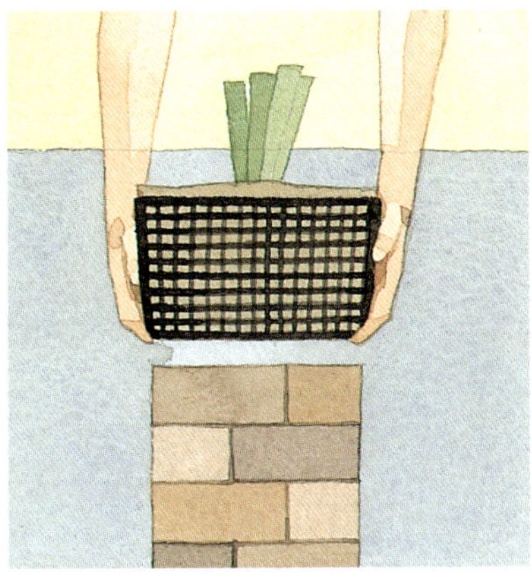

5 Korb langsam in der empfohlenen Tiefe in den Teich setzen. Die Höhe kann mit Ziegeln oder Bausteinen reguliert werden.

TIPPS

❀ Prüfen Sie Pflanzen vor dem Kauf auf Schnecken, Fadenalgen und die kleinen treibenden Pflänzchen der Wasserlinse.

❀ Verwenden Sie um Zeit zu sparen einen feinmaschigen Korb, der nicht ausgeschlagen werden muss.

❀ Man kann gewöhnliche Gartenerde zum Pflanzen verwenden, solange sie lehmig ist und in letzter Zeit nicht mit Dung oder Dünger behandelt wurde. Blumenerde ist ungeeignet, da sie Dünger enthält, der Algenwachstum fördert.

❀ Setzen Sie Pflanzen immer in der empfohlenen Tiefe, die die Distanz zwischen der Oberfläche des Korbs und der Wasseroberfläche bezeichnet.

TEICHPFLANZEN VERMEHREN

! 10 MINUTEN PRO PFLANZE

• Wurzelteilung ist eine gute Methode, Teichpflanzen zu vermehren
• Die Vermehrung spart besonders bei den teureren Pflanzen wie den Wasserlilien Geld
• Sie verbessert das Aussehen von Rhizompflanzen, indem altes Material entfernt wird

Die Bepflanzung eines Wassergartens ist die ideale Beschäftigung für den viel beschäftigten Gärtner, da Wasserpflanzen meist pflegeleicht sind. Einmal eingepflanzt, kann man sie, abgesehen von einer jährlichen Reinigung (*siehe S. 95*) getrost sich selbst überlassen. Die Vermehrung durch Teilung ist eine schnelle und einfache Methode Ihren Bestand an Wasserpflanzen zu erweitern und vermindert die Kosten erheblich, insbesondere, da einige Wasserpflanzen sehr teuer sind. Das Herausnehmen und Teilen kann auch nötig werden, um die Ausbreitung einer Pflanze zu stoppen oder um eine Schwertlilie zu verjüngen. Diese Iris wächst von einem Rhizom auswärts und die Mitte der Pflanze wird mit der Zeit holzig und unproduktiv.

1 Rhizompflanzen (hier Iris) in handliche Teile mit gesunden Blättern und reichlich Wurzeln brechen oder schneiden.

2 Blätter so zurückschneiden, dass die Schnittflächen nicht unter die Wasseroberfläche geraten. Basis stutzen und Wurzeln um die Hälfte zurückschneiden.

Bei Wasserlilien mit einem scharfen Messer einen »Zweig« vom Wurzelstock abschneiden. Zweig beim Einpflanzen senkrecht einsetzen.

Pflanzen mit Faserwurzeln (hier *Carex*) können von Hand geteilt werden. Sehr verfilzte Wurzeln mit zwei Gabeln trennen.

TIPPS

❀ Sparen Sie Zeit, indem Sie nicht invasive Pflanzen setzen. Der Zwerg-Rohrkolben (*Typha minima*) ist zum Beispiel genauso attraktiv wie der größere breitblättrige Rohrkolben (*T. latifolia*), aber weniger wuchsfreudig. Er kann mehrere Jahre wachsen, bevor eine Teilung notwendig wird.

❀ Die Wurzeln einiger Wasserpflanzen sind so eng verwachsen, dass sie kaum zu trennen sind. Es ist daher sehr viel leichter, sie mit einer einfachen Astsäge zu teilen. Solange jede Portion ausreichend Wurzeln und Grün besitzt, sollte sie gut anwachsen.

❀ Sauerstoff erzeugende Pflanzen lassen sich leicht mit Stecklingen vermehren. Schneiden Sie 15 cm lange Stücke ab, binden sie zu kleinen Bündeln und setzen sie in einen großen Pflanzkorb. Wasserminze (*Mentha aquatica*) wächst ebenfalls gut aus Stecklingen, die einzeln eingesetzt werden sollten.

❀ Man kann auch Wasserpflanzen aus Samen ziehen (keine getrockneten!). Bei Sumpf-Vergissmeinnicht (*Myosotis scorpioides*) geht es besonders einfach. Die blühende Pflanze einfach über einem Topf mit Erde ausschütteln. Samen gut mit Erde bedecken und feucht halten.

▲ *Wasserlilien (*Nymphaea*) sind wunderbare Teichpflanzen und leicht zu vermehren.*

GRÜNSTECKLINGE ABNEHMEN

! 15 MINUTEN PRO TOPF

• Grünstecklinge sind eine einfache Vermehrungsmethode
• Ein guter Weg, den Bestand an Pflanzen zu vergrößern oder Nachfolger für Pflanzen zu erhalten, die nicht verlässlich langlebig sind

Mit Grünstecklingen kann man auf einfache Weise eine Vielzahl von ausdauernden Stauden und Sträuchern vermehren, einschließlich Pfeifenstrauch, Fuchsie und laubwechselnden Formen von Hartriegel und Schneeball. Kletterpflanzen wie Glyzine und Geißblatt (*Lonicera*) können mit dieser Methode ebenfalls vermehrt werden. Die Kraft des Frühjahrswuchses bewirkt, dass die Stecklinge schnell wurzeln und umgetopft werden können, bevor man sie im Herbst auspflanzt. Das Abnehmen von Grünstecklingen eignet sich gut für kurzlebige Pflanzen wie Perovskia und strauchige Buschmalven.

TIPPS

❀ Nehmen Sie die Stecklinge am frühen Morgen, wenn die Pflanzen am frischesten sind. Die Stecklinge dürfen nicht welken.

❀ Der einfachste Weg, Stecklinge vor dem Austrocknen zu schützen, ist, sie in einem Gefrierbeutel einzuschließen und in den Schatten zu legen.

❀ Zu viel Feuchtigkeit kann zu Fäule führen. Wischen Sie also den Anzuchtkasten von innen trocken und öffnen Sie die Ventilationsöffnungen, wenn sich Feuchtigkeit ansammelt, oder entfernen Sie eine Zeit den Plastikbeutel.

❀ Clematisstecklinge erfordern ein etwas anderes Vorgehen. Steckling direkt über einem Blattansatz abschneiden, dann bis auf 2,5–5 cm unter dem Ansatz einkürzen. Eines der Blätter entfernen und Steckling in die Erde setzen.

1 10–15 cm lange Stecklinge von grünen Trieben (hier Hortensie) abnehmen. Keine beschädigten, blühenden oder knospenden Triebe verwenden.

2 Die unteren Blätter mit einem scharfen Messer entfernen und den Steckling direkt unter einem Blattansatz auf 8–10 cm Länge kürzen.

3 Stecklinge bis zur halben Länge um den Rand eines Topfes in Pikiererde stecken, und zwar so, dass sich die Blätter nicht berühren.

4 Mäßig angießen und in einem beheizten Anzuchtkasten an einen hellen Ort ohne direkte Sonne stellen. Bei Bedarf gießen und lüften.

5 Gut bewurzelte (leicht herausziehen oder am Topfboden auf austretende Wurzeln achten) Stecklinge vereinzeln und einzeln eintopfen.

Den Topf versiegeln: Plastikbeutel vor dem Zukleben aufblasen, um ihn von den Blättern fern zu halten, und an einen warmen, hellen Ort stellen.

TÖPFE, KÜBEL UND BLUMENKÄSTEN BEPFLANZEN

5–15 MINUTEN PRO TOPF

• Töpfe bepflanzen geht schnell und einfach und lohnt mit farbenfroher sommerlicher Blütenpracht
• Schon ein oder zwei bepflanzte Kübel sind ein Blickfang
• Wasserbindende Kristalle und Langzeitdünger verringern den Aufwand beim Gießen und Düngen

An Kübelpflanzen kann man wirklich Freude haben. Die meisten sommerblühenden Beetpflanzen haben eine sehr lange Blütezeit von Frühsommer bis zur Mitte des Herbstes, bei mildem Wetter sogar noch länger. Terrakottatöpfe sind einfach zu bepflanzen, Plastikkübel noch einfacher, da sie keine zusätzliche Drainage benötigen. Große Kübel brauchen eine gute Drainageschicht (die zudem Blumenerde spart) und Blumenkästen sollten mit einer Schicht Tonscherben oder Kies am Boden ausgelegt werden.

TIPPS

❀ Sparen Sie sich die Zeit für das regelmäßige Gießen, indem Sie Wasser bindende Kristalle in die Erde mischen. Sie quellen beim Gießen zu kleinen Wasserreservoirs auf und reduzieren die Gießhäufigkeit um ein Drittel oder mehr. Eine Schicht Styropor entlang der Wände (nicht des Bodens) von Terrakottatöpfen verringert ebenfalls den Feuchtigkeitsverlust.

❀ Sparen Sie sich das Düngen, indem Sie einen Langzeitdünger nehmen.

❀ Belassen Sie zwischen Topfrand und Erde einen guten Abstand, um nicht mehrfach nachgießen zu müssen, bis das Wasser von der Erde aufgenommen ist.

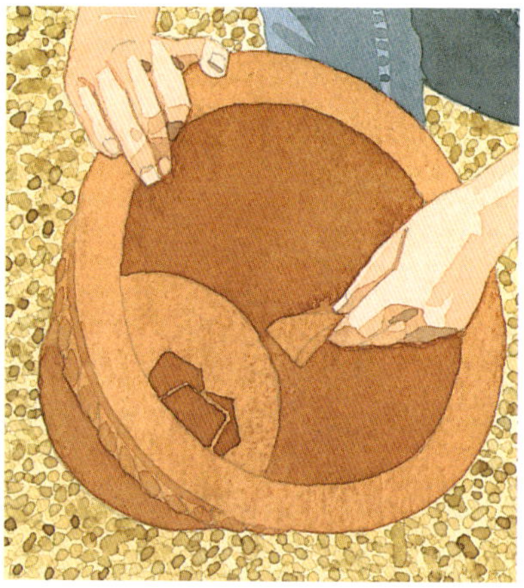

1 Töpfe nach dem letzten Frost bepflanzen. Terrakottatöpfe mit einer Schicht Tonscherben zur besseren Drainage auslegen. Um Gewicht zu sparen, kann man auch zerkleinertes Styropor verwenden.

2 Den Topf bis 2,5 cm unter den Rand mit Blumenerde füllen und fest drücken. Eine gute Einheitserde verwenden, Spezialsubstrate sind zu teuer.

3 Pflanzen 1 Stunde vor dem Einsetzen gut wässern, dann die ideale Zusammenstellung von Farben und Formen mit einer Stellprobe auf der Topfoberfläche ausprobieren.

4 Mit einer Schaufel Pflanzlöcher graben. Die Pflanzen so tief einsetzen, wie sie in ihren Töpfen steckten; die Erde fest drücken. Gründlich angießen und alle Mulden auffüllen.

▶ *Töpfe verschiedener Form und Größe wirken besonders schön in einer sonnigen Ecke der Terrasse.*

EINE BLUMENAMPEL BEPFLANZEN

30–40 MINUTEN PRO AMPEL

- **Mit der Rundpflanztechnik erzielt man spektakuläre Ergebnisse**
- **Moos ist wesentlich attraktiver als künstliche Auskleidungen, insbesondere in der Anfangsphase**

Ein bemooster Drahtkorb erfordert zwar etwas mehr Aufwand bei der Bepflanzung und beim Gießen, aber das Ergebnis ist viel schöner. Hängende Töpfe mögen zwar pflegeleichter sein, aber sie können nie die gleiche Wirkung entfalten. Durch Verzicht auf eine künstliche Auskleidung zu Gunsten von Moos entsteht ein schöner natürlicher Hintergrund für die Pflanzen. Behalten Sie die Ampel nach dem Bepflanzen zum Anwachsen an einem warmen, hellen Ort im Haus. Hängen Sie sie erst nach dem letzten Frost ins Freie und halten Sie sie gleichmäßig feucht – ein Flaschenzug oder eine langstielige Brause (*siehe S. 62*) erleichtern die Arbeit. Wenn Sie mehrere Ampeln zusammen aufhängen wollen, empfiehlt sich ein automatisches Bewässerungssystem (*siehe S. 70*). Sorgen Sie dafür, dass die Pflanzen in Ihrem Urlaub gut gewässert werden (*siehe S. 77*).

1 Pflanzen wässern. Korb auf einen großen Topf setzen. Untere Hälfte mit einer 2,5-cm-Schicht Sumpfmoos (*Sphagnum*) auskleiden; Boden mit Kunststofffolie auskleiden, um Feuchtigkeit zu halten.

2 Bis zum oberen Rand des Mooses mit Erde auffüllen. Wasserbindende Kristalle und Langzeitdünger untermischen, um die Pflanzen feucht und gut genährt zu halten. Erde festdrücken.

3 Pflanzen wässern. Ein Pflanze aus dem Topf lösen, Blattwerk durch die Drahtmaschen fädeln. Übrige Randpflanzen in Abständen von 15 cm einsetzen.

4 Bis zum oberen Korbrand mit Moos auskleiden und mit Erde auffüllen. Restliche Pflanzen einsetzen, Lücken mit Erde auffüllen und gut angießen.

TIPPS

❀ Schlagen Sie das Blattwerk buschiger Pflanzen zum Schutz in Zeitungspapier ein und schieben Sie diese Rolle vorsichtig durch die Maschen.

❀ Künstliche Auskleidungen vereinfachen zwar die Arbeit, sehen aber unschön aus, bis die Pflanzen ausgewachsen sind.

❀ Formen Sie für eine effiziente Bewässerung eine dichte Mooswand am oberen Korbrand, der das Wasser hält und dafür sorgt, dass die Erde nicht ausgespült wird. Lehmige Erde speichert außerdem besser das Wasser.

❀ Verwenden Sie für eine besonders schnelle Bepflanzung nur drei bis vier kraftvolle, buschig wachsende Hängepflanzen wie *Surfinia petunia*, die bis zu 90 cm Länge erreichen kann.

❀ Große Körbe können schwer werden und müssen stabilen verankert sein.

❀ Drehen Sie die Ampeln gelegentlich, damit alle Pflanzen Sonne erhalten.

▲ *Eine schön bepflanzte Blumenampel entwickelt sich zu einem farbenfrohen Blickfang.*

PFLANZTÜRME UND -SÄCKE BEPFLANZEN

! 20–30 MINUTEN PRO TURM/SACK

• Pflanztürme und -säcke sind eine praktische Möglichkeit, Wände, Zäune und Pergolas farbenfroh mit Beetpflanzen zu bestücken
• Sie sind schnell zu bepflanzen und preiswert, außerdem haltbar
• Sie halten gut die Feuchtigkeit und müssen nicht häufig gegossen werden

Pflanztürme und -säcke sind eine relativ neue Idee. Sie sind leicht zu bepflanzen und zu pflegen. Mit Türmen und Pyramiden erzielt man Blütenkaskaden, die man an die Wand oder eine Pergola hängen kann. Pflanzsäcke lockern eine ansonsten farblose Wand auf oder sorgen auch neben einer Tür für Farbe. Durch die richtige Auswahl der Pflanzen können Sie die Wirkung variieren. Kompakte Varietäten wie fleißige Lieschen (*Impatiens*) und Begonien bilden eine symmetrische Form voller kleiner Blüten, die auch im Halbschatten gedeihen. Buschigere Pflanzen wie Zweizahn und Petunie eignen sich hervorragend für eine informelle Bepflanzung. Da sie das Wasser gut halten, sind Türme und Säcke wegen Frostgefahr nicht für den Winter geeignet.

1 Die Basis eines Turms bis zu den ersten Pflanzlöchern mit Erde füllen und fest drücken. Kunststoff an der markierten Stelle kreuzförmig einschneiden und die Pflanze so von außen durchschieben, dass die Wurzeln auf der Erde ruhen.

2 Vorgang für die nächsten beiden Ebenen wiederholen, dann bis zum Rand mit Erde auffüllen. Gut angießen und Turm an einen stabilen Haken hängen. Wenn er niedrig hängt, auch eine Pflanze von oben einsetzen.

1 Einen Sack mit Erde füllen und dabei fest drücken. Darauf achten, dass die Ecken gut gefüllt sind, sonst sackt die Erde beim Aufhängen nach unten. Die vorgeschnittenen Schlitze öffnen.

2 Pflanzen gut wässern, dann einsetzen und die Erde gut um die Wurzelballen fest drücken. Sack aufrecht stellen und von oben bepflanzen. Gut angießen, dann zum Anwachsen vor dem Aufhängen 2–3 Wochen flach liegen lassen.

TIPPS

❀ Bewässern Sie Pflanztürme, indem Sie das Reservoir am Boden auffüllen. Gießen Sie Säcke von oben, wobei eine langstielige Brause (*siehe S. 62*) sehr hilfreich ist.

❀ Verwenden Sie auch hier Langzeitdünger und Wasser bindende Kristalle, um die Zeit zur Pflege zu verringern.

❀ Nehmen Sie für eine besonders schnelle Bepflanzung kraftvolle, buschige Hängepflanzen wie Zweizahn, hängende Petunien und Pelargonien und setzen Sie nicht mehr als sechs Pflanzen pro Sack oder Turm.

❀ Wenn Sie früh einpflanzen, stellen Sie Sack oder Turm an einen warmen, hellen Ort im Haus und hängen Sie sie erst auf, wenn der letzte Frost vorbei ist.

▲ *Pflanzsäcke verschönern langweilige Mauern.*

RASEN DÜNGEN

15 MINUTEN PRO 5 QM

- **Düngen belebt das Gras innerhalb weniger Tage**
- **Es fördert einen kräftigen Wuchs, der Unkraut und Moos unterdrückt**
- **Es kräftigt das Gras**

Den Rasen zu düngen scheint auf den ersten Blick widersinnig, da das Gras so schneller wächst und öfter gemäht werden muss. Tatsächlich aber spart es auf lange Sicht Zeit, da der dichtere Wuchs Unkraut und Moos erstickt, das ansonsten Zeit raubend entfernt werden muss. Der dichte Wuchs verhindert im Sommer auch Austrocknung. Rasendüngung lässt den gesamten Garten besser aussehen, da es einen gelben Rasen in nur zwei bis drei Tagen wieder in sattem Grün erstrahlen lässt.

■ Düngen Sie den Rasen Mitte Herbst erneut mit einem Herbstdünger, wenn er erschöpft wirkt, um ihn für den Winter zu stärken.

TIPPS

Verwenden Sie einen Dünger für Frühjahr/Sommer, der einen satten, schnellen Wuchs fördert.

Einige Dünger enthalten Moos- und Unkrautvernichter, die Zeit und Arbeit sparen, da sie zwei Probleme gleichzeitig lösen.

Bringen Sie Düngergranulat aus, wenn Regen vorhergesagt ist, und sparen Sie sich so die Arbeit, den Dünger wässern zu müssen.

Das Düngen ist keine Routinearbeit. Wenn der Rasen kräftig wächst und satt grün ist, brauchen Sie ihn nicht zu düngen.

Für eine gleichmäßige Verteilung des Düngers einen 1 qm großen Bambusrahmen anfertigen. Empfohlene Menge Dünger abwiegen, dann Menge halbieren und die beiden Hälften im rechten Winkel zueinander ausstreuen.

Eine weitere gute Methode ist die Verwendung eines einstellbaren Streuwagens. Die empfohlene Menge Dünger für die gesamte Fläche abwiegen, halbieren und zwei Durchgänge fahren (einen längs, den anderen quer).

Eine spezielle Düngemittelpritze mit einem Behälter für den Dünger beschleunigt die Arbeit. Einfach eine Tablette mit Rasendünger einlegen, empfohlene Konzentration einstellen und sprühen.

Flüssigdünger mit einer Gießkanne mit Düngerbrause ausbringen. Eine große Kanne verwenden, die nicht so oft nachgefüllt werden muss, die empfohlene Düngermenge mit Wasser mischen und gleichmäßig ausbringen.

Ein saftig grüner Rasen strahlt vor Gesundheit und bildet den perfekten Hintergrund für blühende Rabatten und Kübel.

SOMMER

FRÜHSOMMER

Die Sonnentage zu Beginn des Sommers machen die Gartenarbeit zu einem wirklichen Vergnügen – man kann den Duft und die Farben der unzähligen blühenden Pflanzen genießen. Ein Großteil der Arbeit besteht jetzt darin, eine reiche Blütenpracht des Sommers vorzubereiten: So müssen beispielsweise verwelkte Blütenköpfe entfernt und früh blühende Clematis gestutzt werden. Auch die Kübelpflanzen brauchen eine routinemäßige Pflege, damit sie bis zu den ersten Frösten blühen können.

▲ *Pflanzen wie Schafgarbe und Rittersporn schmücken den Garten im Sommer mit Farbenpracht.*

VERWELKTE BLÜTEN ENTFERNEN

!!! | 5–10 MINUTEN PRO PFLANZE

• Die Entfernung verwelkter Blütenköpfe sorgt für eine Blütenvermehrung bei wiederholt und permanent blühenden Rosen
• Die Pflanzen bleiben dadurch in Bestform

Bei Rosen, die entweder kontinuierlich blühen oder eine Hauptblütezeit haben und später erneut blühen sollen, ist es wichtig, abgestorbene Blütenköpfe zu entfernen. Wenn nämlich die ersten Blüten Samen ansetzen, ist die Pflanze so »programmiert«, dass ihre Aufgabe (die nächste Generation hervorzubringen) erfüllt ist und somit keine weiteren Blüten notwendig sind. Die einzigen Rosen, die nicht beschnitten werden müssen, sind einmal blühende Strauchrosen wie *Rosa moyesii* und die graugrünblättrige *Rosa glauca*, die wegen ihrer farbenfrohen Hagebutten geschätzt werden. Beim Beschnitt kann der Gärtner den Anblick und Duft der übrigen Blüten genießen und sich an den Knospen erfreuen, die weitere Pracht versprechen. Die Arbeit ist einfach und wirklich lohnend.

TIPPS

❀ Durch den Schnitt wird die Pflanze auch geformt, überlegen Sie also gut, wo Sie schneiden. Ein langer, dürrer Trieb kann hart zurückgeschnitten werden.

❀ Schneiden Sie zur Sicherheit immer bis zum blütentragenden Holz zurück, d. h. bis hinter die Blätter, die nur drei statt der üblichen fünf Blättchen tragen.

❀ Schneiden Sie bei büschelblütigen Rosen zunächst nur einzelne Blüten und die gesamte Dolde erst dann, wenn all ihre Blüten verwelkt sind.

❀ Das Düngen im Hochsommer (*siehe S. 65*) garantiert kontinuierliche Blüte.

❀ Rosen produzieren gelegentlich »Geiztriebe« ohne Knospen an der Spitze. Schneiden Sie diese unproduktiven Triebe um mindestens die Hälfte zurück.

❀ Sparen Sie Zeit beim Auslichten von Kletter- und Schlingrosen, indem Sie ein Laken oder eine Folie um die Pflanze auslegen, um die welken Blüten zu sammeln. Auf diese Weise sind sie leicht zum Kompost zu transportieren.

Welke Blüten mit der Rosenschere bis knapp über einem nach außen weisenden Auge oder einer Blattachsel abschneiden. Schräg schneiden.

Die Knospe wird stimuliert, einen neuen blütentragenden Trieb zu bilden. Dieser wächst nach außen und der Busch bleibt offen und ausgewogen.

FRÜHE GROSSBLUMIGE CLEMATIS BESCHNEIDEN

!! 10–20 MINUTEN PRO PFLANZE

- **Der Beschnitt früher, großblumiger Clematis nach der Blüte fördert weitere Blüten**
- **Durch Einbinden neuer Triebe hält die Pflanze ihre gute Form und verdeckt zuverlässig die Wand**

Die im späten Frühjahr und frühen Sommer blühenden Clematis werden wegen ihrer riesigen Blüten und ihres freiblühenden Habitus geschätzt. Die malvenfarbene »Nelly Moser« und die blauviolette »The President« zählen zu den schönsten Sorten. Sie tragen ihre Blüten an den letztjährigen Trieben und produzieren oft im Frühherbst eine kleinere Blüte an diesjährigen Trieben. Der Schnitt nach der Blüte fördert die Herbstblüte und hält die Pflanze in Form. Düngen, wässern und mulchen Sie die Clematis nach dem Schnitt, um einen kraftvollen jungen Wuchs zu unterstützen.

TIPPS

- '»Nelly Moser«, »Vyvyan Pennell«, »Lasurstern« und »The President« zählen in Bezug auf die Herbstblüte zu den zuverlässigsten dieser Gruppe.
- 'Diese Schnittmethode eignet sich am besten für an Mauern rankende Pflanzen. An Pfählen und Pergolas kann es schwierig sein, die Triebe zu entwirren. Stutzen Sie die Pflanze nach der Blüte.

▲ *Die schönen Blüten der* C. »Nelly Moser«.

1 Direkt nach der Blüte etwa ein Drittel der älteren, holzigeren Triebe ca. 30 cm über der Basis abschneiden.

2 Im Spätsommer oder Frühherbst die neuen Triebe locker mit Bast einbinden.

FRÜH BLÜHENDE CLEMATIS-ARTEN ZURÜCKSCHNEIDEN

!! 10–20 MINUTEN PRO PFLANZE

- **Der Schnitt hält kraftvolle Pflanzen unter Kontrolle**

Die kleinblütigen Clematis wie die kräftige *Clematis montana* und die immergrüne *C. armandii* blühen vom Winter bis zum zeitigen Frühjahr. Der Rückschnitt nach der Blüte fördert neue blütentragende Triebe.

TIPP

- Zwei der schönsten frühblühenden Arten sind die 2,5 m hohen *Clematis alpina* und *C. macropetala*, die 2–3 Jahre unbeschnitten bleiben können.

1 Zunächst stark verfilzte Triebe bis zu den Hauptstämmen auslichten, um Luft und Licht hereinzulassen. Dann schwache und beschädigte Triebe entfernen, um das Erscheinungsbild der Pflanze zu verbessern.

2 Alle blütentragenden Triebe bis auf ein oder zwei Augen des Haupttriebs zurückschneiden. Alle Triebe stutzen, die über den zugedachten Platz hinaus wachsen. Junge Triebe einbinden, um ein gleichmäßig dichtes Blattwerk zu erzielen.

WASSER SPAREN

!!! 5–30 MINUTEN PRO AUFGABE

• Der umsichtige Umgang mit Wasser spart Geld
• Dabei wird Regenwasser genutzt und Brauchwasser wiederverwendet

Wasser zu sparen macht in ökologischer und in ökonomischer Hinsicht Sinn. Nützliche Techniken zum Wassersparen finden Sie hier und auf den Seiten 65 und 71. Der einfachste Weg ist, sich beim Bewässern auf die empfindlichsten Pflanzen – junge und frisch gepflanzte Exemplare – zu konzentrieren. Die Bewässerung von Hand oder die Verwendung eines Sickerschlauchs ist wesentlich effizienter als Sprinkler oder Regner, der alle Pflanzen ungeachtet ihres Bedarfs bewässert. Eine Wassertonne kann bis zu 250 Liter Regenwasser aufnehmen und Brauchwasser aus Spüle oder Badewanne kann zum Gießen etablierter Pflanzen verwendet werden. Man kann auch Wasser sparen, indem man trockenresistente Pflanzen setzt, die keine zusätzliche Bewässerung brauchen, sobald sie etabliert sind. Viele Gräser und Kräuter sowie eine Vielzahl von silberblättrigen Beetpflanzen gedeihen auf magerem, trockenem Boden an einem sonnigen Standort.

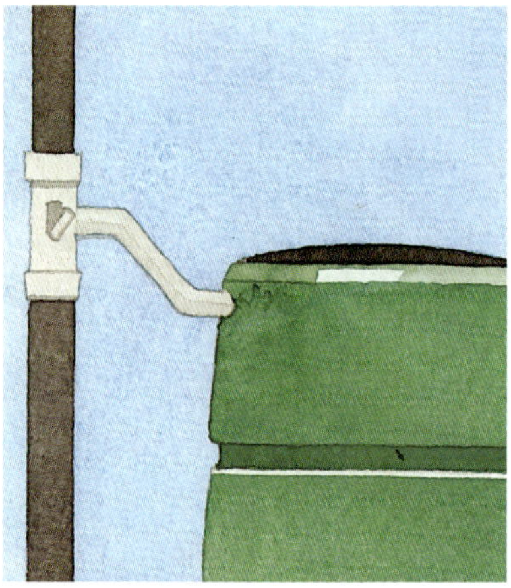

Regenwasser in einer Tonne sammeln. Ein Ventil am Regenrohr sorgt für eine schnellere Befüllung. In Regionen mit hartem Wasser ist Regenwasser empfehlenswert für kalkempfindliche Pflanzen wie Rhododendren und Azaleen.

Spritzaufsätze für den Gartenschlauch sind wesentlich effizienter als Sprenger, die ungezielt bewässern. Sie bringen das Wasser in der erforderlichen Menge exakt an die richtige Stelle. Am nützlichsten sind justierbare Spritzen.

Zur effizienten Bewässerung junger Gemüse und Beetpflanzen einen Sickerschlauch verwenden. In Schlangenlinien verlegt, verteilt er das Wasser sanft bis zu 30 cm Tiefe und 40 cm Breite.

Ein Sickerschlauch ist sogar noch effizienter, wenn er vergraben oder mit Mulch bedeckt wird, da so weniger Wasser verdunstet. Die grobe Textur von Rindenstücken schließt Feuchtigkeit ein.

TIPPS

❀ Nehmen Sie sich Zeit, gründlich zu wässern. Oberflächliches Gießen ist wenig hilfreich, da es nur die Wurzeln an die Oberfläche zieht, wo sie in der nächsten Trockenperiode verdorren.

❀ Sparen Sie Mühe, indem Sie eine Abzweigung für das Brauchwasser des Hauses legen. Durch einen Umschalter kann das Wasser in einen Schlauch und zur Kühlung und Lagerung in eine Tonne geleitet oder direkt verwendet werden.

❀ Verwenden Sie Schlauchaufsätze mit einem Wasserstopp-Mechanismus, damit das Restwasser im Schlauch nicht ungenutzt abläuft, wenn Sie den Hahn zudrehen.

❀ Mit Mulch (*siehe S. 17*) kann man sehr viel Feuchtigkeit binden.

▲ *Eine Regentonne hilft im Garten, Wasser zu sparen.*

FRÜHZWIEBELN TEILEN

!! 20–30 MINUTEN PRO GRUPPE

- **Durch Teilung werden zugewucherte Zwiebeln verjüngt und erreichen wieder ihr volles Potenzial**
- **Aus einer einzelnen Gruppe entstehen zwei oder drei neue Gruppen**
- **Die Zwiebeln haben wieder Raum zum Gedeihen**
- **Die Zwiebeln bleiben gesund und kranke Exemplare werden ausgesondert**

Etablierte Zwiebelgruppen werden mit dem Alter schwächer. Wenn mehr und mehr Zwiebeln reifen, stehen sie zu dicht beieinander und rauben sich gegenseitig Nährstoffe und Wasser. Durch Aufnehmen und Teilen werden sie verjüngt und es entstehen neue Gruppen gesund blühender Pflanzen. Nehmen Sie die Gruppe auf, wenn die Pflanzen noch ruhen – schlaffe, gelbliche Blätter sind ein gutes Zeichen dafür, dass das Wurzelwachstum stagniert hat. Noch aktive Zwiebeln können aufgenommen, gründlich begutachtet und wieder eingepflanzt werden.

TIPPS

❀ Schlechte Blüte kann auch durch nicht entfernte verwelkte Blüten oder mangelhafte Düngung entstehen. Entfernen Sie zunächst abgeblühte Blüten und düngen Sie die Zwiebeln (*siehe S. 31*), bevor Sie sie aufnehmen und teilen.

❀ Setzen Sie reife Zwiebeln in doppelter Entfernung ihrer eigenen Dicke voneinander ein und setzen Sie kleinere Zwiebeln dazwischen. Wenn sie enger stehen, geraten sie nur noch schneller in erneute Bedrängnis.

▶ *Die früh blühende* Narcissus *»Thalia« kann im Frühsommer geteilt werden.*

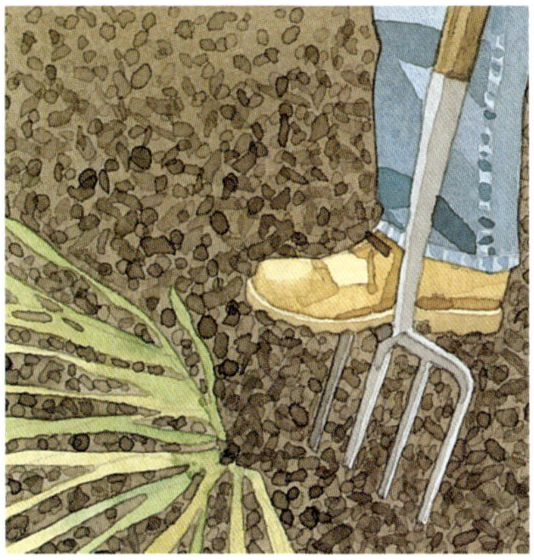

1 Die ganze Gruppe vorsichtig mit einer Gabel aufnehmen, sobald die Blätter absterben, ohne dabei die Zwiebeln zu verletzen. In feuchter Erde arbeiten.

2 Die Gruppe von Hand zunächst in kleinere Gruppen, dann in individuelle Zwiebeln (hier *Narcissus*) teilen. Vorsichtig arbeiten, um die Zwiebeln nicht zu beschädigen.

3 Zwiebeln gründlich auf Anzeichen von Krankheiten und Verletzungen untersuchen. Alle verfärbten, beschädigten oder faulenden Zwiebeln wegwerfen und nur die gesunden behalten.

4 Zwiebeln in gut vorbereiteten Boden setzen. Mit Schaufel oder Pflanzlochstecher (*siehe S. 84*) in ihrer ursprünglichen Tiefe einsetzen. Dabei den weißen Teil des Stängels als Anhaltspunkt verwenden.

SOMMERPFLEGE FÜR KÜBELPFLANZEN

!!! 5 MINUTEN PRO KÜBEL

- **Regelmäßiges Gießen und Auslichten vermehrt die Blüten**
- **Mulchen spart Zeit, indem die Verdunstung verringert wird**
- **Langstielige Brausen und Flaschenzüge sind hilfreich**

Sommerblühende Kübelpflanzen erfordern viel Arbeit, aber regelmäßige Pflege zahlt sich in gesunden, kraftvollen Pflanzen aus. Vernachlässigte Pflanzen sind wesentlich anfälliger für Schädlinge und Krankheiten. Das Entfernen verwelkter Blüten ist eine einfache Aufgabe, die die Pflanze auch vor dem Abblühen bewahrt. Natürlich ist Gießen, besonders bei heißem, trockenem Wetter, unerlässlich. Wenn es Ihnen aber zu viel Arbeit macht, können Sie auch ein Bewässerungssystem installieren (*siehe S. 70*). Mulch bindet in Töpfen und Kübeln Feuchtigkeit und scharfkantige Deckschichten aus Kokosschalen und Schotter halten sogar Schnecken ab.

TIPPS

- Wenn Sie keinen Langzeitdünger in die Erde gegeben haben, düngen Sie wöchentlich mit einem pottaschehaltigen Dünger.
- Gießen Sie bei heißem Wetter in der Morgenfrische oder abends, damit nicht so viel Wasser durch Verdunstung verloren geht.
- Am besten taucht man eine Blumenampel zum Wässern für eine halbe Stunde in einen großen Wassereimer.
- Kübelpflanzen sehen besonders schön in Gruppen aus. An einem sonnigen Standort spenden Sie sich gegenseitig Schatten und schützen sich so vor Austrocknung.

Regelmäßig verwelkte Blüten entfernen, damit sie ihre Kraft nicht mit Samenbildung verschwenden. Den Blütenstängel sauber nahe am Hauptstamm abkneifen.

Zum Gießen ohne mühseliges und Zeit raubendes Klettern eine speziell für Blumenampeln entwickelte langstielige Brause verwenden, die einen weichen, durchdringenden Regen liefert.

Ein Flaschenzugmechanismus erleichtert das Gießen von Blumenampeln. Die Ampel auf eine bequeme Höhe herabziehen, gießen und erneut hinaufschieben.

Kübel mulchen, um Wasserverlust durch Verdunstung zu verhindern. Kokosschalen und Schotter sind ideal für Blütenpflanzen, während Kies sehr gut zu Grünpflanzen passt.

▶ *Geranien (*Pelargonium*) blühen sehr frei, wenn sie nicht regelmäßig ausgelichtet werden.*

TOMATEN IN EINEN KULTURSACK SETZEN

20 MINUTEN PRO KULTURSACK

• Ein Kultursack macht es einfach, Tomaten und andere Pflanzen zu ziehen

• Die Erde im Sack bildet eine sterile Umgebung ohne Bodenschädlinge und Krankheiten

• Der Sack kann platzsparend an einen sonnigen Ort gelegt werden

Kultursäcke sind sehr praktisch. Sie dienen als Container, die man einfach an einen sonnigen Ort legen und sehr schnell bepflanzen kann. Sie bieten hervorragende Wachstumsbedingungen, da die nährstoffreiche Erde frei von Schädlingen und Krankheitserregern ist und der Kunststoff die Wurzeln warm hält und kraftvoll wachsen lässt. Tomaten zählen zu den beliebtesten Pflanzen für den Kultursack. Die Spalierformen sind am einfachsten zu ziehen, da sie an einem einzelnen Haupttrieb gedeihen. Buschtomaten wachsen in die Breite und sind daher anfällig für Schneckenbefall. Gießen Sie Tomaten besonders während der Fruchtreife regelmäßig. Düngen Sie sie wöchentlich, wenn die ersten erbsengroßen Früchte erscheinen, und kappen Sie den Haupttrieb im Spätsommer zwei Blätter über einem Blütenstand.

Weitere für den Kultursack geeignete Nutzpflanzen sind Salat, Paprika, Auberginen und Buschbohnen. Der Kultursack kann auch für Zucchini und Salatgurken verwendet werden, die nur zu zweit in einen Sack gesetzt werden sollten. Auch Erdbeeren können gut im Sack gezogen werden. Düngen Sie Blattgemüse und Hülsenfrüchte mit stickstoffhaltigem Dünger und Fruchtgemüse wie Erdbeeren und Paprika mit pottaschehaltigem Dünger.

TIPPS

Kultursäcke eignen sich auch für Beetpflanzen. Schneiden Sie einzelne Pflanzlöcher, ordnen Sie die Pflanzen nach ihrer Höhe an und nutzen Sie buschige Kriechpflanzen, um Front und Seiten des Sacks zu verdecken.

Schneiden Sie zur einfachen Bewässerung Drainageschlitze nahe dem Boden in das Plastik. Wenn dort Wasser austritt, ist die Erde gut gewässert.

Verwerten Sie die Erde nach der Wachstumssaison weiter, indem Sie sie im Garten ausbringen oder auf den Komposthaufen geben.

▲ *Wenn sie regelmäßig gegossen und gedüngt werden, tragen Tomatenpflanzen im Kultursack reiche Ernten köstlicher Früchte.*

1 Drei Kreuze für die Pflanzlöcher in den Kunststoff schneiden, Ecken einstecken. Zum leichteren Bewässern Erde zwischen den Löchern anhäufeln, damit das Wasser sich in einer Senke sammelt.

2 Tomatenpflanzen eine Stunde vor dem Einsetzen wässern und Pflanzlöcher in die Erde graben. Pflanzen aus den Töpfen nehmen, einsetzen und die Erde um die Wurzelballen festdrücken. Gut angießen.

3 Spezielle Stützen für den frei liegenden Kultursack aufstellen und Bambusstecken durch die Ringe schieben. Pflanzen während des Wachstums an den Stützen befestigen und Seitentriebe entfernen.

Zum Verdecken des Sacks einjährige Kriechpflanzen wie Lobelien oder Zweizahn mit den Tomaten einsetzen. Vor dem Pflanzen wässern.

HOCHSOMMER

Jetzt ist die Zeit, sich zu entspannen und den Garten in seiner vollen Pracht zu genießen. Die Blumen stehen in ihrer schönsten Blüte und die Luft ist voller betörender Düfte. Zum Glück sind in dieser Jahreszeit keine mühsamen Arbeiten zu erledigen. Es müssen nur robuste Stauden zurückgeschnitten werden, um eine zweite Blüte zu fördern; der Rasen braucht bei heißem Wetter etwas Aufmerksamkeit; der Teich will gepflegt werden und Sie können sich auch der angenehmen Arbeit widmen, Stecklinge zu schneiden und Kräuter zu ernten.

▲ *Lang blühende Glockenblumen sind die idealen Pflanzen für eine sonnige Rabatte.*

ROBUSTE STAUDEN ZURÜCKSCHNEIDEN

!! 5 MINUTEN PRO GRUPPE

- **Eine einfache Arbeit, die Pflanzen sofort besser aussehen lässt**
- **Der Rückschnitt fördert das Blütenpotential, indem er eine zweite Blüte anregt**

Der schnelle und einfache Rückschnitt verwelkter Staudenblüten hat zwei Vorteile: Er lässt die Pflanze gut aussehen und er fördert eine zweite, kleinere Blüte. Einige Stauden wie Lupine und Rittersporn werden direkt zurückgeschnitten, andere wieder, wie Glockenblume und Phlox, stutzt man nach und nach.

Mit der Gartenschere abgeblühte Dolden (hier Lupine) bis zum Boden zurückschneiden. Die Pflanze sieht so besser aus und da sie keine Samen ansetzt, trägt sie oft eine zweite, kleinere Blüte.

Manche Pflanzen treiben einen zentralen Blütentrieb und daneben blütentragende Seitentriebe. Den zentralen Trieb (hier Glockenblume) nach der Blüte zurückschneiden.

TIPPS

❀ Schneiden Sie Frauenmantel (*Alchemilla*) und robuste Geranien nach der Blüte bis zum Boden zurück, um dichte Büschel frischer Blätter und häufig auch neue Blüten zu erhalten.

❀ Der Rückschnitt hindert kräftige Pflanzen mit Schotenkapseln wie die Akelei (*Aquilegia*) daran, Samen zu streuen.

▶ *Ein wenig Umsicht beim Rückschnitt sorgt für eine den ganzen Sommer anhaltende Blütenpracht.*

SOMMERLICHE ROSENDÜNGUNG

!!! 2 MINUTEN PRO PFLANZE

- **Düngen führt zu mehr Blüten**

Rosendüngung im Hochsommer ist eine einfache Arbeit, die den Pflanzen die Kraft gibt, weitere Blüten bis in den Herbst hinein zu tragen. Auch einmal blühende Rosen profitieren vom Düngen.

TIPPS

- Düngergranulat leicht einharken.
- Blattdünger nicht in der Sonne aufsprühen, sonst verbrennen die Blätter.

Rosen nach der ersten Blüte mit einem speziellen Rosendünger düngen. Granulat in der empfohlenen Menge um die Pflanze verteilen, ohne dass es Triebe oder Blätter berührt.

Bei Trockenheit empfiehlt sich ein Blattdünger. So werden die Wurzeln umgangen, die mangels Feuchtigkeit die Nährstoffe eines Granulats nicht aufnehmen können.

EMPFINDLICHE PFLANZEN FEUCHT HALTEN

!!! 5–30 MINUTEN PRO PFLANZE

- **Mulchen spart Zeit für Wässern und Unkrautjäten**
- **Mulche bieten gute Isolierung**

Neue Pflanzen können, insbesondere an einer Mauer, bei heißem Sommerwetter schnell austrocknen. Direkt an die Wurzeln geleitetes Wasser und Mulch hilft ihnen beim Anwachsen.

TIPPS

- Gießen Sie die Pflanzen eine Stunde vor dem Einsetzen und sofort hinterher gründlich. Es ist wesentlich schwieriger, einen Wurzelballen nach dem Einpflanzen zu befeuchten, und die Pflanze wird leiden.
- Ein Sickerschlauch (*siehe S. 60*) ist die einfachste und preiswerteste Methode, frisch bepflanzte Beete und Rabatten bei Trockenheit zu bewässern, da er das Wasser stetig abgibt.

▲ *Ein kühles, feuchtes Wurzelsystem ist für alle Clematis (hier »Ernest Markham«) wichtig.*

Zum gezielten Bewässern frisch gesetzter Sträucher und Stauden einen Blumentopf neben der Pflanze im Boden versenken und mit Wasser füllen. Er entlässt das Wasser zu den Wurzeln.

Pflanzen an Hauswänden sind besonders gefährdet. Ein dekorativer Mulch aus Flusskieseln auf dem feuchten Boden verhindert einen Wasserverlust durch Verdunstung.

Eine Landschaftsfolie, durch die das Regenwasser versickern kann, ist eine weitere Möglichkeit, Feuchtigkeit zu konservieren und Unkraut zu eliminieren. Mit Rindenstücken oder Kies verdecken.

KLETTERPFLANZEN STÜTZEN UND ERZIEHEN

!!! MAX. 1 STUNDE FÜR ALLES

- **Sorgfältige Erziehung lässt Kletterpflanzen dicht wachsen**
- **Das Einbinden junger, saftiger und biegsamer Triebe macht die Arbeit einfach**
- **Eine Erziehung in die Breite sorgt bei Kletter- und Schlingrosen für ein Maximum an Blüten**

Viele an Wänden wachsende Kletterpflanzen brauchen eine Rankhilfe. Eine konsequente Erziehung führt hier zu einer dichten Deckung und schönen Wirkung. Galvanisierter Draht ist für viele Kletterer ausreichend, kann aber unter dem Gewicht schwererer Pflanzen wie Glyzinen nachgeben, wenn er nicht sehr straff gespannt wird. Ein Spalier ist hier dekorativer und kann für Wartungsarbeiten an der Mauer abmontiert werden. Verwenden Sie ein Spalier, das mit Holzschutzmittel druckbehandelt wurde. Verwenden Sie zum Anbinden aller neuen Triebe Kunststoffbänder statt Bast, der verrottet.

TIPPS

❀ Befestigen Sie das Spalier zu Wartungsarbeiten lieber mit Haken und Ösen statt mit Schrauben. So können Spalier und Pflanze bei Bedarf schonend von der Wand gelöst werden.

❀ Ein Plastiknetz ist eine gute Stütze für leichte Pflanzen wie die kleinen Clematis und Einjährige wie die Wicke (*Lathyrus*).

❀ Selbst kletternde Pflanzen wie Efeu (*Hedera*) und Kletterhortensie (*Hydrangea anomala ssp. petiolaris*) brauchen keine Rankhilfe, können aber mit Hilfe einzelner Wandösen erzogen werden.

Am einfachsten lassen sich Kletterpflanzen mit zwischen Wandankern gespanntem Draht stützen. Draht besonders für schwere, holzige Pflanzen möglichst straff spannen.

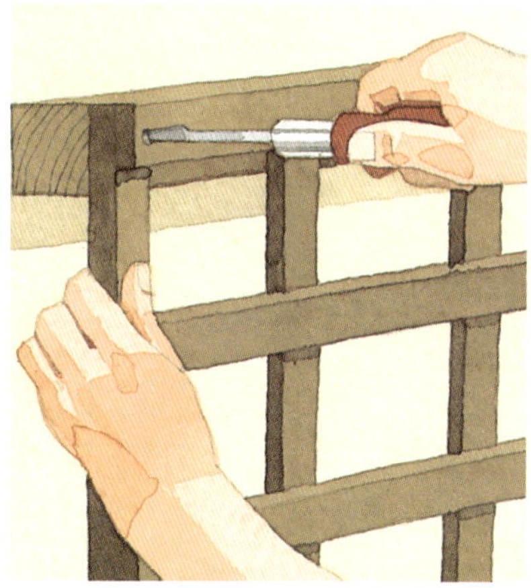

Ein Spalier mit galvanisierten Schrauben auf 5 cm dicke Latten schrauben, statt direkt auf die Wand. So entsteht ein Abstand zwischen Wand und Pflanze, durch den Luft zirkulieren kann.

Neue Triebe regelmäßig so einbinden, dass ein dichtes Kleid aus Laub und Blüten entsteht. Bindung locker anziehen, damit sie nicht in den wachsenden Trieb schneidet.

Kletter- und Schlingrosen in die Breite erziehen, um ein Maximum an Blütentrieben zu erhalten. Triebe anbinden, solange sie noch jung und biegsam sind.

▶ *Regelmäßige Erziehung (hier Kletterhortensie) sorgt für eine schöne Pflanze.*

SOMMERLICHE TEICHPFLEGE

!! | 20 MIN. PRO KLEINER TEICH

• Entfernen welker Blütenköpfe lässt den Teich gut aussehen und verhindert unerwünschte Jungpflanzen
• Die Entfernung von Fadenalgen und Wasserlinsen und das Setzen von Wasserlilien hält das Wasser klar
• Das Ausdünnen verwucherter sauerstofferzeugender Pflanzen verbessert das Aussehen des Teichs

Die Pflege des Gartenteichs erfordert jeweils nur wenige Minuten, ist aber entscheidend für sein Aussehen. Bei blühenden Pflanzen müssen nur verwelkte Blütenköpfe entfernt werden, damit sie keine Samen streuen, und zu dicht wachsende Sauerstofferzeuger können schnell mit der Hand oder einer Harke ausgedünnt werden. Die allgegenwärtigen Algen können sehr störend sein, aber sie sind schnell entfernt und lassen sich auf verschiedene Weise unterdrücken.

Verwelkte Blütenstängel entfernen, damit Samenstreuer wie die Schwertlilie sich nicht unkontrolliert vermehren.

Sauerstofferzeuger wie *Elodea*, die die Oberfläche überwuchern, mit einer Harke entfernen oder den Pflanzkorb heben und zurückschneiden.

Fadenalgen können mit einer Harke oder mit einem Stock aufgewickelt und aus dem Wasser gezogen werden.

Fische leiden bei heißem oder gewittrigem Wetter unter Sauerstoffmangel. Deshalb das Wasser am besten mit einer Schlauchbrause belüften.

TIPPS

Kleine Algen wie die Wasserlinse können Sie mit einem langstieligen Netz abfischen.

Pflanzen Sie reichlich Schatten spendende Wasserlilien, um die im Sonnenlicht gedeihenden Algen zu bremsen; ein Verhältnis von einem Drittel Blattwerk zu zwei Dritteln Wasseroberfläche ist ideal. Sauerstofferzeuger helfen bei der Kontrolle von Algen, da sie ihnen die benötigten Mineralien entziehen.

Chemische Algizide sollten mit äußerster Vorsicht angewendet werden, da sie den gesamten Teich schädigen können.

▶ *Wasserlilien* (Nympaea) *sind nicht nur schön, sie bekämpfen auch Algen.*

WILDLINGE ENTFERNEN

!!! 5–10 MINUTEN PRO PFLANZE

• Das Entfernen von Wildlingen an veredelten Pflanzen spart die Zeit, sie später ausgraben zu müssen
• Es verhindert das unansehnliche Dickicht von Wildwuchs an der Basis mancher Sträucher und Bäume

Wildlinge saugen Kraft aus den Pflanzen, an denen sie wachsen. Besonders anfällig sind veredelte Pflanzen. So werden etwa viele Rosen auf wilden Wurzelstöcken gezogen, aus denen sich kraftvolle Wildlinge bilden können. Wenn man sie gewähren lässt, schwächen sie die Pflanze und übernehmen sie schließlich. Auch auf einen glatten Stamm gepfropfte Pflanzen können irgendwo zwischen Pfropfung und Wurzel Wildlinge treiben. Einige Pflanzen treiben Wildlinge aus den eigenen Wurzeln, als Teil ihres natürlichen Habitus oder in Folge einer Verletzung an Wurzeln oder Bewuchs. Wenn eine Pflanze ständig Wildlinge produziert, kann es auf Dauer sinnvoller sein, sie auszutauschen.

1 Einen Rosenwildling, der aus den Wurzeln treibt, bis zu seinem Ursprung verfolgen und dabei vorsichtig die Erde abräumen.

2 Wildling mit einem Handschuh als Schutz vom Wurzelstock abreißen (Schneiden führt zum Nachwachsen). Erde wieder aufschichten und fest drücken.

Wildlinge an oder nahe der Basis von Bäumen (hier *Prunus*) möglichst dicht am Ursprungspunkt abschneiden. Wildlinge in der Umgebung können abgeschnitten oder ausgerissen werden.

Alle Wildlinge an Stämmen gepfropfter Bäume und Sträucher (hier eine Standardrose) abschneiden und alle folgenden Knospen mit dem Daumen abreiben. Ausreißen kann die Rinde schädigen.

TIPPS

Wildlinge veredelter Pflanzen sind dank deutlicher Unterschiede in Form und Farbe von Stängel und Blatt meist leicht zu identifizieren.

Eine korrekte Pflanzung verhindert Wildwuchs bei Rosen (*siehe S. 102*).

Seien Sie beim Jäten oder Pflanzen in der Nähe flach wurzelnder Bäume und Sträucher vorsichtig, damit keine Wildwuchsschäden entstehen.

Entfernen Sie alle Wildlinge an den Kanten von Schnittflächen bei Bäumen und Sträuchern.

▸ *Zierkirschen wie* Prunus serrula *können an der Stammbasis dichten Wildwuchs treiben.*

HALBREIFE STECKLINGE NEHMEN

15 MINUTEN PRO TOPF

- **Halbreife Stecklinge sind eine einfache Methode, den Bestand an einer Vielzahl von Sträuchern und Kletterpflanzen zu vermehren**
- **Ein Anzuchtkasten beschleunigt die Bewurzelung**

Halbreife Stecklinge sind ein verlässlicher Weg, eine Vielzahl von Pflanzen wie Rosen, Geißblatt (*Lonicera*), Lavendel, Schneeball und Stechpalme (*Ilex*) zu vermehren. Halbreife Stecklinge wurzeln bei sommerlichen Temperaturen in Wasser recht schnell, aber ein beheizter Anzuchtkasten bringt schnellere Erfolge. Setzen Sie die bewurzelten Stecklinge in Töpfe und stellen Sie sie an einen kühlen, hellen Ort ohne direkte Sonne ins Haus. Gießen Sie sie im Winter mäßig und pflanzen Sie sie im Frühjahr aus.
■ Halbreife Stecklinge können zwischen Mitte und Ende des Sommers genommen werden.

TIPPS

❀ Stutzen Sie größere Pflanzen um die Hälfte, um den Feuchtigkeitsverlust zu minimieren.

❀ Setzen Sie Stecklinge so, dass sich ihre Blätter nicht überlappen, um eine gute Luftzirkulation zu garantieren. Lüften Sie den Anzuchtkasten.

❀ Setzen Sie Stecklinge in einen mit Erde gefüllten Anzuchtkasten.

▲ *Stecklinge der Orangenblume wurzeln leicht.*

1 Einen nicht blühenden Seitentrieb auswählen, der an der Basis holzig wird. Steckling unter einer Blattachsel auf 10–15 cm Länge schneiden und etwas vom holzigen Material behalten.

2 Schnittfläche in ein Bewurzelungshormon tauchen und den Steckling 5 cm tief an den Rand eines Topfes mit Stecklingserde setzen. Wenn der Topf voll ist, gießen und in einen beheizten Anzuchtkasten stellen.

STECKLINGE IN WASSER

1 MINUTE PRO STECKLING

- **Die einzige Vermehrungsmethode, die keine Spezialgeräte erfordert**

Viele Pflanzen wurzeln in Wasser, etwa Geranien (*Pelargonium*), Weiden (*Salix*) und Efeus (*Hedera*). Die Methode ist so einfach, dass man sie mit jeder Pflanze testen sollte.

TIPPS

❀ Diese Methode dient auch zur Vermehrung vieler Hauspflanzen.

❀ Behandeln Sie sie wie halbreife Stecklinge (*siehe oben*), sobald sie bewurzelt und eingetopft sind.

1 10–15 cm lange Stecklinge nehmen, dicht unter einer Blattachsel. Untere Blätter entfernen und in ein klares Glas setzen, um die Wurzelbildung beobachten zu können. Mit Wasser füllen. Wasser wechseln, wenn es trüb wird.

2 Sobald sich ein gutes Wurzelsystem gebildet hat, den Steckling aus dem Wasser nehmen und einen 9 cm großen Topf mit Stecklingserde auskleiden. Wurzeln auf der Erde ausbreiten, auffüllen und fest drücken. Gut angießen.

BEWÄSSERUNGSSYSTEM FÜR DIE TERRASSE INSTALLIEREN

!! | 1 STUNDE PRO EINHEIT

- **Bietet effiziente Bewässerung der Terrasse mit minimalem Aufwand**
- **Garantiert ökonomische Bewässerung**
- **Computergesteuerte Systeme sind ideal für die Urlaubszeit**

Terrassenpflanzen müssen bei heißem Wetter bis zu zwei Mal täglich gegossen werden, aber man kann diese Zeit raubende Arbeit einem Bewässerungssystem überlassen. Als Komplettpaket oder in Einzelteilen erhältlich, lassen sich diese Anlagen individuell an jede Terrasse anpassen. Sie sparen Wasser, indem sie es in der richtigen Menge dosieren. Außerdem lösen sie mit Hilfe eines Bewässerungscomputers das Problem der Abwesenheit im Urlaub. Diese Computer können programmiert werden, das Wasser über eine bestimmte Zeit mehrmals am Tag zu verteilen. Einige Hersteller bieten auch Feuchtigkeitssensoren an, die das Programm umgehen und dafür sorgen, dass die Pflanzen bei Regen nicht zuviel gossen werden.

TIPPS

❀ Verwenden Sie für eine besonders effiziente Bewässerung einstellbare Düsen, die so reguliert werden können, dass die Pflanze exakt die richtige Wassermenge erhält.

❀ Das System zum Entfernen von Kalk und Verunreinigungen, die die Schläuche verstopfen können, hin und wieder kräftig durchspülen: Endkappe entfernen und Wasser voll aufdrehen.

❀ Bewässerungssysteme empfehlen sich auch für Beete und Rabatten sowie für den Gemüsegarten.

1 Einen Druckregulator auf einen Außenhahn schrauben und vor dem Anschließen der Hauptleitung auf festen Sitz überprüfen.

2 Die Hauptleitung mit Hilfe von Wandklammern rund um die Terrasse verlegen. Die Hauptleitung abschneiden und mit Knierohren um Ecken führen.

3 Für die dünneren Mikroschläuche zu den Kübeln die Hauptleitung möglichst nahe am Kübel mit der mitgelieferten Ahle anbohren. Einen Schlauchadapter einsetzen.

4 Mikroschlauch auf gewünschte Länge zuschneiden und mit einer verstellbaren Düse versehen. Schlauch mit einer mitgelieferten Stütze im Kübel fixieren.

▶ *Ein regulierbares Bewässerungssystem hält die Kübel auf der Terrasse gleichmäßig feucht, ohne Wasser zu verschwenden.*

RASENPFLEGE BEI TROCKENHEIT

!!! 5 MINUTEN PRO AUFGABE

• Ein wenig zusätzliche Pflege bewahrt dem Rasen bei längerer Trockenheit ein gutes Aussehen.
• Durch das länger geschnittene Gras wird Tau gefangen
• Gründliches Sprengen ist wichtig und spart auf lange Sicht Wasser
• Geschnittenes Gras auf dem Rasen bietet zusätzliche Feuchtigkeit

Der Rasen ist ein so wichtiges Element des Gartens, dass er bei anhaltender Trockenheit zusätzlichen Aufwand verdient. Das Gras länger zu belassen als normal ist eine einfache Maßnahme, durch die ein dichter Grasteppich entsteht, der Tau einfängt und Unkraut erstickt. Das Sprengen mit einem Regner ist ebenfalls einfach, aber es ist wichtig, dass Sie alle vierzehn Tage gründlich wässern. Weniger und dafür häufiger zu sprengen ist sinnlos, da so die Wurzeln an die Oberfläche gezogen werden und bei der nächsten Trockenheit verdorren. Die Schnittreste zum Kompostieren auf dem Gras liegen zu lassen sorgt für ein wenig zusätzliche Feuchtigkeit und liefert Nährstoffe. Ein Mulchmäher hackt das Gras besonders fein.

Die Schermesser höher einstellen: Die Oberfläche sieht noch ordentlich aus, aber das längere Gras fängt mehr Tau ein und leitet ihn zu den Wurzeln.

Dosiertes Sprengen: ein Glas in 10 cm Höhe markieren. In den Niederschlag stellen und Wasser abstellen, wenn es im Glas die Markierung erreicht.

Bei Trockenheit den Fangkorb entfernen. Die Schnittreste, die zu 90 % aus Wasser bestehen, versorgen den Rasen mit zusätzlicher Feuchtigkeit und Nährstoffen und helfen, Tau zu fangen.

Für feineren Schnitt, der schneller kompostiert, einen Mulchmäher verwenden. Die »Nasen« im Messergehäuse halten das Gras für mehrere Umdrehungen, so dass es fein geschnitten wird.

TIPPS

❀ Erhöhen Sie die Schnittlänge entsprechend des Rasentyps: 2,5 cm für Zierrasen, 4 cm für Nutzrasen und 5 cm für Sportrasen.

❀ Wenn Sie sich um zu hohen Wasserverbrauch sorgen, können Sie entweder Wasser wiederverwerten (*siehe S. 60*) oder den Rasen nicht sprengen. Er wird dann verbrannt aussehen, erholt sich aber mit der Zeit.

▶ *Intensive Wässerung lässt den trocken gelben Rasen in wenigen Tagen wieder grün aussehen.*

NUTZPFLANZEN VOR SCHÄDLINGEN SCHÜTZEN

!!! 15 MINUTEN PRO PFLANZE

• Diese einfachen Schutzvorrichtungen sind leicht zu installieren
• Sie machen Chemikalien überflüssig, deren Anwendung Zeit erfordert und Nützlinge schädigen kann

Schädliche Fluginsekten und ihre Larven können verheerenden Schaden an Nutzpflanzen verursachen. Auch Vögel, die weiche Früchte stehlen, können zu einem Problem werden. Aber ein einfacher Schutz aus Gartenvlies oder Netzen hält sie von der Ernte fern.

TIPPS

❀ Inspizieren Sie die Pflanzen vor dem Abdecken sorgfältig und bekämpfen Sie vorhandene Schädlinge. Ist die Ernte einmal abgedeckt, können Schäden einige Zeit unbemerkt bleiben.

❀ Sichern Sie die Ränder von Netzen sorgfältig. Vögel kriechen gerne unter ungesicherten Netzen hindurch und schädigen nicht nur die Ernte, sondern sind auch noch gefangen.

▲ *Die Raupen des Kohlweißlings können verheerende Schäden an Kohlblättern anrichten.*

Die Pflanzen licht-, luft- und wasserdurchlässig mit Gartenvlies vor schädlichen Fluginsekten schützen. Vlies mit Latten beschweren.

Weiche Früchte (hier Erdbeeren) mit einem 2,5 cm weiten Netz schützen. Direkt über die Pflanzen oder über einen Rahmen spannen.

APFEL- UND BIRNBÄUME BESCHNEIDEN

!!! 30 MIN. PRO KLEINEM BAUM

• Ein sommerlicher Beschnitt öffnet den Baum für Luft und Licht
• Er stimuliert die Fruchtreifung

Der sommerliche Schnitt kräftiger Apfel- und Birnbäume verhindert eine Verfilzung, stimuliert die Produktion Frucht tragenden Holzes und hält die Bäume in Form.

TIPP

❀ Ein drastischer Rückschnitt kann den Baum schockieren. Verteilen Sie diese Arbeit besser über einige Wochen.

Apfel- und Birnbäume können im Hochsommer ein Dickicht kräftiger neuer Triebe entwickeln, die der Baummitte Licht und Luft nehmen und die Fruchtentwicklung schwächen.

Diese neuen Triebe mit der Astschere bis auf 3 oder 4 Blätter zurückschneiden, um die Produktion Frucht tragenden Holzes zu fördern. Kraftvolle aufrechte Triebe können völlig gestutzt werden.

KRÄUTER ERNTEN

! | 10 MINUTEN PRO BUND

• Trocknen und Einfrieren sind schnelle Methoden, einen reichen Vorrat an Kräutern anzulegen
• Getrocknete Kräuter halten bis zu einem Jahr, gefrorene bis zu sechs Monate

Viele Kräuter sind einjährig, aber man kann sie trocknen oder einfrieren. Pflücken Sie nur das frischeste Material und arbeiten Sie so schnell wie möglich, um die flüchtigen ätherischen Öle zu bewahren. Verpacken Sie Kräuter zum Einfrieren sofort und hängen Sie zu trocknende Kräuter an einen warmen Ort mit guter Belüftung. Für das beste Aroma sollten sie in einem oder zwei Tagen getrocknet und verpackt sein. Sie können Kräuter einzeln abpacken oder eigene Mischungen kreieren: etwa eine Mischung auf Estragon-Thymian-Basis für Geflügel. Gefrorene Kräuter halten sich sechs Monate und getrocknete bewahren ihr Aroma bis zu einem Jahr.

TIPPS

❀ Die geernteten Kräuter sorgfältig auf Schmutz und Schädlinge untersuchen, aber nicht waschen, da dies die Trocknung verzögert.

❀ Geben Sie Kräuter zum Schnelltrocknen bei voller Leistung in die Mikrowelle.

❀ Viele Kräuter können gefroren und getrocknet werden, aber es gibt Ausnahmen. So friert man Petersilie, Koriander und Estragon am besten ein, während Salbei, Thymian, Lorbeerblätter und Rosmarin getrocknet aufbewahrt werden sollten.

❀ Bei Samenpflanzen (Kümmel) hängt man Stängel auf und befestigt einen Papierbeutel an den Samenkapseln.

1 Kräuter zum Trocknen in ganzen Stängeln pflücken. Zu kleinen Bündeln schnüren und an einen warmen, luftigen Ort im Haus hängen.

2 Wenn die Blätter völlig trocken und spröde sind, von den Stängeln auf ein sauberes Blatt Papier streifen und dabei zerbröseln.

3 Kräuter in ein dunkles Glas füllen, verschließen und an einem kühlen, trockenen Ort ohne Sonne stellen. Weiße Gläser in einen Schrank stellen.

Alternativ die Kräuter wie in Schritt 1 pflücken, frisch in kleinen Mengen in Gefrierbeutel geben, verschließen, beschriften und einfrieren.

▶ Ein gut bestückter Kräutergarten bietet reiche Ernte zum Einfrieren und Trocknen.

SPÄTSOMMER

Der Garten scheint im Spätsommer eine Pause einzulegen, als würde er sich auf den Herbst vorbereiten. Die Rabatten stehen noch in voller Farbe, aber sie verblasst nun langsam und die Bäume wirken schwer und müde im trockenen Wetter. Auch die Temperaturen sinken und einige wichtige Arbeiten gehen leichter von der Hand. Zu den vorrangigen Aufgaben zählt nun der Beschnitt von Glyzinen und Kletterrosen, routinemäßige Instandhaltung von Zäunen und Mauern, die Pflege von Blumenkästen und die Pflanzung von Erdbeeren für das nächste Jahr.

▲ *Leuchtendes Gold und warmes Rot sind die vorherrschenden Farben im Spätsommer.*

GLYZINEN BESCHNEIDEN UND ERZIEHEN (1)

!!! 30 MINUTEN PRO 3-M-PFLANZE

- **Die Formerziehung schafft eine Farbkaskade aus verteilten Blüten**
- **Der zweimalige Beschnitt fördert eine reiche Blüte**

Die im späten Frühjahr und Sommer blühende Glyzine mit ihren schönen Blütenkaskaden ist eine wunderbare Kletterpflanze. Die ursprüngliche Erziehung und der zweimalige Schnitt sind Zeit raubend, aber für die erfolgreiche Blüte unerlässlich.

■ Die zweite Phase von Schnitt und Erziehung wird auf Seite 117 beschrieben.

Damit die Blüten zur besten Geltung kommen, die Glyzine an einer Wand an Drähte mit 45 cm Abstand binden (*siehe S. 66*). Für die grundlegende Form die Seitentriebe horizontal ausbreiten; Haupttrieb senkrecht wachsen lassen.

Den zweistufigen Beschnitt mit dem Stutzen der Seitentriebe auf 4–6 Blattachseln beginnen. Gut positionierte Seitentriebe anwachsen lassen, um den Rahmen zu verbreitern.

TIPPS

❀ Geben Sie für eine garantiert schöne Blüte den teureren veredelten Glyzinen den Vorzug gegenüber den aus Samen gezogenen.

❀ Gießen Sie nach dem Beschnitt und halten Sie die Pflanze bei Trockenheit im Spätsommer feucht, wenn sich Knospen des nächsten Jahres bilden.

❀ Ziehen Sie die Pflanzen zum leichteren Schnitt an Stützen in Halbkübeln.

▶ *Ein sorgfältiger Beschnitt der Glyzine im Spätsommer und Spätwinter garantiert eine prächtige Blütenkaskade.*

KLETTERROSEN BESCHNEIDEN

!!! 20–30 MINUTEN PRO PFLANZE

• Ein harter Rückschnitt entfernt altes, unproduktives Holz
• Er fördert kraftvolle, neue, blütentragende Triebe aus der Basis
• Er hält die Pflanze in Form und beschränkt sie auf den ihr zugedachten Raum

Kletterrosen blühen (mit Ausnahmen) nur ein Mal, aber ihr frei blühender Habitus sorgt für eine Blüte, die sich über mehrere Wochen halten kann. Die langen, biegsamen Triebe sind leicht zu erziehen und eignen sich gut zum Bewuchs von Bögen, Pergolas und Wänden. Man kann sie auch durch Bäume und Sträucher ranken lassen. Kletterrosen blühen am besten auf den Trieben des Vorjahres. Der Beschnitt bereinigt und lichtet die Pflanze nicht nur, sondern fördert auch durch Entfernen alten Holzes neuen Wuchs.

TIPPS

❀ Schneiden Sie in den ersten drei Jahren nach dem Pflanzen nur schwache oder kranke Triebe aus und stutzen Sie gesunde Seitentriebe um 8–10 cm.

❀ Lassen Sie Vernunft walten, wenn Sie Triebe aus der Basis schneiden, und entfernen Sie nur einen oder zwei, wenn die Pflanze noch nicht genügend Ersatztriebe gebildet hat.

❀ Legen Sie zum leichteren Einsammeln der Schnittreste eine große Kunststofffolie unter dem Strauch aus.

❀ Der jährliche Beschnitt ist empfehlenswert, aber nicht unverzichtbar. Kletterrosen blühen auch ohne ihn schön und können zwei oder drei Jahre unbeschnitten bleiben, bevor die alten Triebe zu unansehnlich werden.

1 Nach der Blüte mit der Astschere bis zu einem Drittel der ältesten, holzigsten Triebe dicht über dem Boden abschneiden. Dies fördert den Wuchs kräftiger neuer Triebe aus der Basis, die im nächsten Jahr Blüten tragen werden.

2 Blütenlose Seitentriebe des Rests bis auf zwei oder vier Blattachseln über dem Haupttrieb stutzen, um eine gute Blüte im nächsten Jahr zu fördern. Alle Seitentriebe entfernen, die über den zugemessenen Raum hinaus wachsen.

3 Alle die Form störenden, blühenden Seitentriebe bis auf ca. 2,5 cm über dem Haupttrieb zurückschneiden, so dass nicht mehr als zwei Blattachseln verbleiben.

4 Alle neuen Triebe aus der Basis locker mit Kunststoffbindern anbinden, so dass sie beim Wachsen nicht beschädigt werden. Triebe horizontal anbinden, um die Blüte zu fördern.

► Rosa *»Félicité Perpétue« ist eine frei blühende, halb immergrüne Kletterrose.*

INSTANDHALTUNG VON ZÄUNEN UND MAUERN

!!! 1 STUNDE PRO BAUTEIL

• Regelmäßige Pflege spart Ärger und Kosten der Neuanschaffung
• Einfache Maßnahmen zum Erhalt von Gartenbauten verbessern auch ihr Aussehen

Etwas Zeit für die Instandhaltung von Gartenanlagen spart auf lange Sicht Zeit und Kosten, da sie nicht so schnell ersetzt werden müssen. Gepflegte Zäune und Mauern halten beinahe ewig. Bei Holzbauten ist ein Schutzmittel auf Wasserbasis am angenehmsten zu verarbeiten und kaum schädlich für Pflanzen. Halten Sie bei der Arbeit möglichst großen Abstand zu Pflanzen, aber einige verirrte Spritzer machen nichts aus. Holzschutzmittel sind in vielen Farben erhältlich und können zur Verschönerung aller Holzbauten, von Schuppen bis zu hölzernen Obelisken, dienen. Der Mörtel in Gartenmauern kann mit der Zeit brüchig werden, lässt sich aber mit Fertigmischungen schnell und einfach reparieren.

TIPPS

❀ Für einen wirksamen Schutzanstrich den Holzschutz nur auf wirklich trockenes Holz auftragen.

❀ Verwenden Sie keine Mittel mit Teeröl, die für Pflanzen und Menschen giftig sind, sich nicht für Zäune mit Kletterpflanzen eignen und einen unangenehmen Geruch verströmen.

❀ Wände restaurieren ist eine einfache und schnelle Arbeit. Bürsten Sie lose Farbe mit einer Drahtbürste ab und tragen Sie frische Außenfarbe auf. Wenn die Ziegel in schlechtem Zustand sind, behandeln Sie sie mit einer chemischen Schutzversiegelung vor.

Alle Holzbauten profitieren von einem Schutzanstrich alle drei oder vier Jahre. Holzschutzmittel auf Wasserbasis gibt es in vielen Farben und sie sind für Pflanzen am unbedenklichsten.

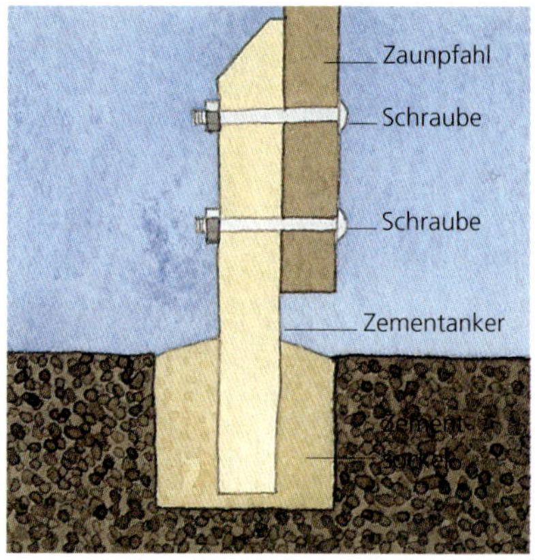

Zur Reparatur eines hölzernen Zaunpfahls, der an der Basis verrottet ist, Erde um die Basis entfernen, dann verrottete Stelle absägen und den Schnitt mit Holzschutz behandeln. Einen Zementanker mit dem Pfahl verschrauben; eingießen.

1 Wenn der Mörtel in Mauern zu krümeln beginnt, muss er erneuert werden. Zunächst alten, losen Mörtel mit einem Fugenkratzer ca. 2,5 cm tief herauskratzen.

2 Die Fuge befeuchten, dann neuen Mörtel mit einer Kelle einfüllen und fest andrücken. Dann die Fuge nach oben anschrägen und mit den unteren Ziegeln bündig abschließen.

▸ *Farbiges Holzschutzmittel kann auch einen düsteren Schuppen verschönern.*

URLAUBSVORBEREITUNG FÜR KÜBEL

!!! 10–30 MIN. FÜR ALLE ARBEITEN

- **Einige einfache Arbeiten halten Kübelpflanzen bei Abwesenheit im Urlaub in guter Form**
- **Diese Maßnahmen befriedigen Wasser- und Nahrungsbedürfnisse der Pflanzen**
- **Teure Pflanzen benötigen Vorsorge**

Kübelpflanzen können Schaden nehmen, wenn sie für längere Zeit unversorgt bleiben. Die Pflege in der Urlaubszeit kann zu einem echten Problem werden, aber zum Glück gibt es auch hier Lösungen. Die beste besteht darin, den Nachbarn zu bitten, Ihre Pflanzen zu gießen. Wenn das nicht möglich ist, können sie bis zu einer Woche alleine bleiben, wenn Sie sie in den Schatten stellen und gründlich wässern. Für längere Abwesenheit empfiehlt sich ein selbst gebautes Kapillar-Bewässerungssystem (*siehe rechts*). Entfernen Sie vor der Abreise welke Blüten und untersuchen Sie die Pflanzen auf Krankheits- und Schädlingsbefall.

TIPPS

- Wenn die Kübel zu schwer zum Bewegen sind, mulchen Sie sie mit Schotter, Kies oder Rindenstücken, um die Verdunstung zu verlangsamen.
- Prüfen Sie die Funktion des Bewässerungssystems einige Tage lang, bevor Sie abreisen. Größere Kübel brauchen unter Umständen zwei oder sogar drei Streifen, um feucht zu bleiben.
- Automatische Bewässerungssysteme (*siehe S. 70*) sind eine gute Investition für die Ferienzeit.

Kurz vor der Abreise alle abgeblühten Blüten entfernen, damit sie keine Samen ansetzen. Gleichzeitig alle Anzeichen für Schädlinge oder Krankheiten durch Entfernen der befallenen Teile und Sprühen behandeln.

Kübel an einem schattigen windgeschützten Ort dicht zusammenstellen, um Feuchtigkeitsverlust zu verringern. Blumenampeln in Eimer oder große Kübel stellen. Kurz vor der Abreise gründlich wässern.

1 Um Kübel für 1–2 Wochen feucht zu halten, ein einfaches Bewässerungssystem konstruieren. Einen großen Eimer höher als die Kübel auf Ziegel oder Blöcke stellen und mit Wasser füllen.

2 Kapillarmatten in 4 cm breite Streifen schneiden. Kübel zusammenstellen und je ein Ende eines Streifens bis zum Boden in den Eimer hängen und das andere auf die Blumenerde eines Kübels legen.

Dicht bepflanzte Blumenampeln trocknen besonders schnell aus.

ERNTEERTRÄGE ERHÖHEN

!! 5–15 MINUTEN PRO AUFGABE

• Sorgen Sie mit einigen einfachen Arbeiten für Rekordernten und gesunde Pflanzen
• Regelmäßiges Abernten belohnt mit den köstlichsten und zartesten Gemüsen

Selbst gezogenes Gemüse ist so köstlich, dass alle Maßnahmen zur Verlängerung der Ernte gerechtfertigt sind. Eine der einfachsten Methoden, die Erträge zu vergrößern, besteht darin, Gemüse regelmäßig abzuernten und so für weitere Frucht zu sorgen. Erbsen, Gurken, Bohnen, Kürbisse, Zucchini, Paprika und Auberginen profitieren von dieser Technik und man wird regelmäßig mit dem zartesten und besten Gemüse belohnt. Auch die Bewässerung ist wichtig und dies gilt besonders in der Blüte – die Blüten welken, wenn die Pflanze zu trocken ist, und das mindert wiederum den Ertrag. Mulchen nach der Bewässerung reduziert den künftigen Wasserbedarf und bringt Nährstoffe in den Boden ein. Besonders Himbeeren mit ihren flachen Wurzeln profitieren davon. Düngen verlängert das Leben hungriger Nutzpflanzen wie Bohnen und

Wiederholt tragende Pflanzen (hier grüne Bohnen) regelmäßig abernten, um die Erntezeit zu verlängern und den Gesamtertrag zu erhöhen.

Buschbohnen besonders bei trockenem Wetter, wenn weniger Insekten fliegen, benebeln, um den Pollenflug zu fördern und sie bei der Befruchtung zu unterstützen.

Nutzpflanzen (hier Himbeeren) gut wässern, um vorzeitigen Blütenverlust zu unterbinden; dann die Feuchtigkeit unter einem dicken Mulch aus organischem Material einschließen.

Den Pflanzen mit einem pottaschehaltigen Dünger Nahrung zuführen, um die Wachstums- und Erntezeit zu verlängern. Schnellste Resultate erzielt man mit einem Sprühdünger.

TIPPS

❀ Hülsenfrüchte jung abernten, bevor die Samen die Hülsen schwellen lassen.

❀ Gießen mit Flüssigdünger ernährt die Pflanzen zwar auch, aber man sollte ihn auf bereits feuchten Boden ausbringen.

❀ Es ist sinnvoll, Samen für das nächste Jahr zu sammeln. Lassen Sie einige späte Hülsen an Bohnen und Erbsen am Strauch reifen. Schälen Sie die Hülsen, wenn sie gelb sind, und lassen Sie die Samen auf Tabletts ausgebreitet trocknen, bis sie hart sind. Bewahren Sie sie bis zur Aussaat in Papierumschlägen an einem kühlen, trockenen Ort auf.

❀ Verwenden Sie zum Mulchen organisches Material wie gut verrotteten Stalldung, verbrauchten Champignonkompost oder selbst gemachten Kompost. Der Mulch bindet nicht nur Feuchtigkeit im Boden, er hält auch die Wurzeln kühl und erspart dem Gärtner viel Arbeit im Kampf gegen das Unkraut.

▲ *Düngen, Mulchen und Benebeln liefert Rekordernten an Bohnen.*

ERDBEEREN PFLANZEN

15 MINUTEN
PRO 6 PFLANZEN

- **Selbst gezogene, frisch gepflückte Erdbeeren schmecken himmlisch**
- **Pflanzung im Herbst sichert exzellente Ernten im Folgejahr**
- **Erdbeeren sind pflegeleicht**
- **Eine Mischung von Varietäten sichert eine längere Ernte**

Selbst gezogene Erdbeeren sind köstlich und tragen schon im ersten Jahr nach der Herbstpflanzung hervorragende Ernte. Eine gute Bodenvorbereitung ist für den Erfolg unerlässlich, aber sobald sie gepflanzt sind, erfordern Erdbeeren nur noch wenig Pflege. Am meisten Wasser brauchen Sie nach der Pflanzung und erneut nach der Blüte. Einzelne Pflanzen halten sich zwei oder drei Jahre, bevor sie an Kraft verlieren. Kaufen Sie dann neue Pflanzen und setzen Sie sie in ein neues Beet – sie sind sehr anfällig für Pilzbefall. Erdbeeren können auch erfolgreich in Töpfen, Kübeln und Kultursäcken gezogen werden.

TIPPS

Verlängern Sie die Erntezeit durch eine Mischkultur aus Varietäten, die zu unterschiedlichen Zeiten fruchten, und remontierenden Erdbeeren, die im Sommer und noch stärker im Herbst fruchten.

Damit die Pflanzen gesund und frei von Schädlingen bleiben, entfernen Sie nach der Ernte ältere Blätter sowie Stroh und Unkräuter.

Walderdbeeren mit ihren winzigen, sehr aromatischen Früchten sind gute Bodendecker für Beete und Rabatten in Sonne und Halbschatten. Der Ertrag ist gering, aber sie können als zusätzliche Geschmacksnote mit »Standard«-Erdbeeren gemischt werden.

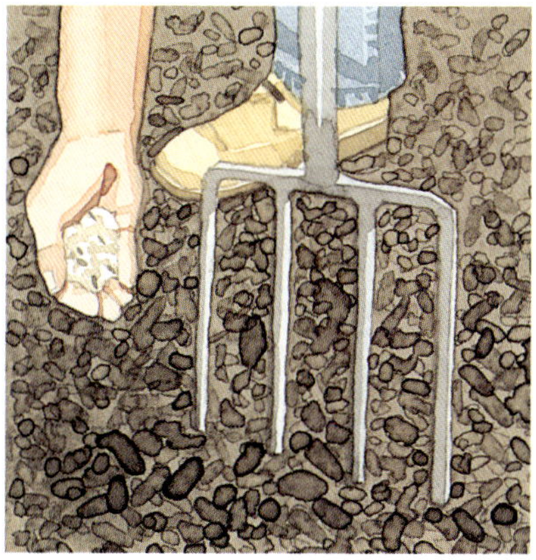

1 Einen sonnigen Standort suchen, umgraben und dabei reichlich gut verrotteten Stalldung oder Kompost einarbeiten. Kurz vor dem Einpflanzen 90 g pro qm eines ausgewogenen Düngers ausbringen und leicht einharken.

2 Im Abstand von 75 cm leicht erhöhte Reihen markieren und die Pflanzen mit 45 cm Abstand so einsetzen, dass die Krone bündig auf dem Boden liegt, und die Wurzeln ausbreiten. Mit Erde auffüllen, festdrücken und gut angießen.

3 Die im folgenden Sommer erscheinenden Früchte mit Matten oder Stroh unter und zwischen den Pflanzen vor Verunreinigung schützen. Reifende Früchte vor Schnecken schützen (*siehe S. 125*).

Die an langen Trieben wachsenden jungen Pflanzen können entfernt oder als Ableger genutzt werden. Trieb am Boden befestigen und die schließlich kräftig wachsende Pflanze vom Trieb trennen und umsetzen.

Erdbeeren bringen im ersten Jahr besonders reiche Ernte.

HERBST

HERBSTANFANG

Mit dem Herbstanfang legt sich eine träumerische Stimmung auf den Garten – zarte Morgennebel und herabfallende Blätter in warmen Farben. Auch wenn die Blumen in den Kästen welken, hat der Herbst viel zu bieten, vor allem, wenn Sie rechtzeitig verschiedene Spätblüher wie Chrysanthemen oder Sonnenkraut gepflanzt haben. Eine wichtige Aufgabe im Herbst besteht darin, Blumenzwiebeln in Kästen und Töpfe zu pflanzen, damit der Frühling in Ihrem Garten in allen Farben erstrahlen kann. Weitere Arbeiten sind Aussaat von Rasen, das Eintopfen von Kräutern für den Winter und Kohlanbau für den Frühling.

▲ *Die leuchtenden Beeren von* Cotoneaster *»Cornubia« beleben den Herbstgarten.*

BLUMENKÄSTEN SÄUBERN

!!! 45 MIN. PRO KLEINEM GARTEN

- **Mit einigen Handgriffen sieht der Garten im Herbst noch recht attraktiv aus**
- **Umgraben steigert die Bodenqualität, da es den Boden für Regen und Luft lockert**

Wenn der Sommer zu Ende geht, kann der Garten mitunter etwas vernachlässigt aussehen. Aber eine rasche Säuberung der Blumenkästen wirkt Wunder. Von ausgeblühten winterharten Stauden können Sie einfach die Blütenstängel entfernen und erhalten so eine ordentlich aussehende Rosette. Sichtbare Stützen an verblühten Pflanzen können im Handumdrehen zusammen mit unansehnlichen Pflanzenabfällen eingesammelt werden – der Gesamteindruck des Gartens wird so erheblich verbessert. Zum Abschluss graben Sie den Boden oberflächlich um und bringen so die Pflanzen zur Geltung, die noch blühen.

TIPPS

❀ Nach dem Rückschnitt kann vermehrt Unkraut wuchern, besonders bei warmem Wetter. Halten Sie daher die Hacke bereit, um Unkraut bereits als Schösslinge zu jäten.

❀ Klopfen Sie die Erde an Stangen und Stäben gut ab. Verwahren Sie sie für die Reinigung im Winter (*siehe S. 121*).

❀ Sauber gefegte und unratfreie plattierte Bereiche verbessern den Gesamteindruck des Gartens. Halten Sie deshalb Gartenwege und Terrassen sauber.

Mit einer Gartenschere abgeblühte winterharte Stauden (hier Schafgarbe) zurückschneiden. So sehen sie ordentlich aus, und andere Pflanzen im Garten, die noch blühen, werden betont.

Überflüssige Stangen und andere Pflanzenstützen aus Beeten und Kästen entfernen und tote Zweige oder Blätter wegräumen – ein großer Sack ist als Müllbehälter gut geeignet.

Den Boden schließlich bis zu einer Tiefe von 5 cm vorsichtig umgraben, ohne dabei flache Wurzeln anderer Pflanzen zu verletzen. So wird der Boden für Regen und Luft gelockert.

IM KÜBEL GEZOGENE STRÄUCHER AUSPFLANZEN

!!! 20 MINUTEN PRO STRAUCH

• Langfristig erspart sorgfältige Auspflanzung Zeit, denn die Pflanzen sind kräftig und weniger anfällig für Krankheiten
• Mulch nach dem Pflanzen hält die Feuchtigkeit und verhindert Unkraut

In Kübeln gezogene Sträucher können zwar ganzjährig ausgepflanzt werden, der Herbst ist aber die beste Zeit dafür. Der Boden ist noch warm und fördert schnelles Wurzelwachstum als Grundlage für kräftiges Gedeihen im nächsten Jahr. Der Herbstregen erspart das Gießen. Sorgfältiges Auspflanzen macht Arbeit, aber es lohnt sich, denn Sträucher sind als Zierpflanzen und als guter Schutz für Ein- und Mehrjährige das Rückgrat jedes Gartens. Sorgfältiges Auspflanzen sichert einen gleichmäßigen Wuchs und die Pflanze ist gesund und weniger anfällig für Krankheiten, die unter Umständen schwierig in den Griff zu bekommen sind.

1 Vor dem Auspflanzen die Pflanze gut wässern. Ein Loch der ungefähr doppelten Größe des Wurzelballens graben und die Ränder des Loches auflockern. Die ausgegrabene Erde mit Kompost mischen.

2 Die Pflanze aus dem Topf nehmen und verfilztes oder um den Ballen wachsendes Wurzelwerk herauszupfen. Dies erleichtert es der Pflanze, ihre Wurzeln auszudehnen und schneller anzuwachsen.

3 Pflanze so einsetzen, dass die Oberkante des Wurzelballens bündig mit dem Boden abschließt. Höhe wenn nötig durch Hinzufügen von Erde anpassen.

4 Das Loch rund um den Ballen mit der Erdmischung auffüllen und nach jedem Spatenvoll die Erde andrücken, damit keine Lufttaschen entstehen.

5 Erde festdrücken. Dies ist vor allem in Lagen wichtig, die Wind und Wetter ausgesetzt sind, um größere Sträucher vor Entwurzelung zu schützen. Gut wässern.

6 Den Strauch mit Mulch, z. B. Rindenspänen, umgeben. So wird Feuchtigkeit gebunden, die Wurzeln werden gegen Kälte isoliert und Unkraut verhindert.

TIPPS

❀ Ersparen Sie sich Zeit und Ärger, indem Sie einen Strauch wählen, der für Ihren Boden geeignet ist. Rhododendren beispielsweise benötigen saure, torfige Bedingungen und gedeihen auf keinem anderen Boden.

❀ Denken Sie bereits beim Auspflanzen an die endgültige Ausdehnung des Strauches und ersparen Sie sich so späteres Umpflanzen.

❀ Bei Lehmböden können Sie den Wasserabfluss verbessern, indem Sie Splitt oder Kies zur Erdmischung geben, mit der Sie das Loch auffüllen.

❀ Bei Trockenperioden im Herbst und im ersten Sommer müssen neu gepflanzte Sträucher gut gewässert werden.

BLUMENZWIEBELN SETZEN

!!! 15 MINUTEN PRO GRUPPE

• Blumenzwiebeln setzen ist einfach und der Erfolg im Frühling sicher
• Sorgfältiges Setzen garantiert von Jahr zu Jahr größere und farbenfrohere Flächen

Frühlingszwiebeln (Sammelbegriff, der Zwiebel- und Knollenpflanzen umfasst) sorgen von Spätwinter bis zum Frühsommer für Farbtupfer im Garten. Es sind robuste, einfache Pflanzen, die meist bei sorgfältigem Setzen viele Jahre blühen. Dazu benötigen sie viel Platz für Wachstum und Vermehrung. Für beste Ergebnisse pflanzen Sie größere Gruppen von acht bis zehn Zwiebeln, die sich im Lauf der Zeit vermehren werden. Wenn es zu viele werden, müssen sie geteilt werden (*siehe S. 61*). Die meisten Blumenzwiebeln bevorzugen sonnige Lagen. Osterglocken, Hyazinthen, Hasenglöckchen und Schneeglöckchen gedeihen aber gut im Halbschatten.

■ Tulpenzwiebeln werden am besten Mitte oder Ende des Herbstes gesetzt, und zwar mindestens drei Zwiebeltiefen in der Erde und in der vollen Sonne.

TIPPS

❀ Wählen Sie feste, dicke Zwiebeln ohne Anzeichen von Beschädigung oder Schimmel. »Doppelzwiebeln« tragen die meisten Blüten.

❀ Sparen Sie Zeit, indem Sie nur in feuchtem Boden graben.

❀ Zwiebeln wie Krokusse sehen auf Rasen besonders schön aus. Heben Sie einfach die Grasnarbe ab, setzen Sie die Zwiebeln ein, drücken Sie die Narbe wieder an und gießen Sie gründlich. Maximale Wirkung erzielt man mit einfarbigen Gruppen.

▲ *In sonnigen Lagen öffnen sich Krokusblüten wie Sterne.*

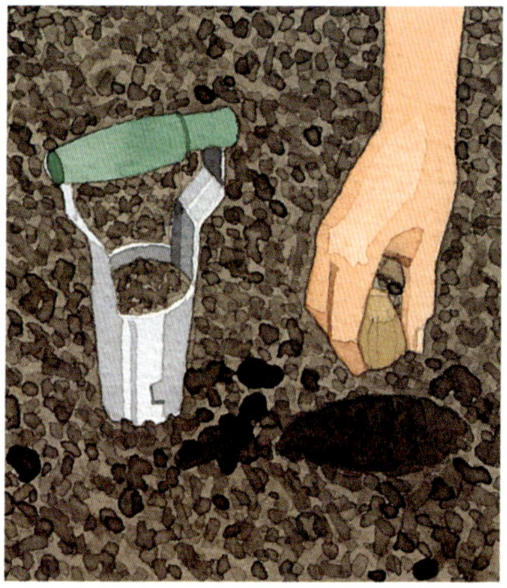

1 Ein Pflanzlochstecher ist ideal für das Setzen von Zwiebelgruppen in leichten Böden. Bis zur empfohlenen Tiefe in die Erde drücken, mit der Erde herausziehen.

2 Die Zwiebel in das Loch setzen und danach den Griff des Pflanzlochstechers drücken, um die Erde wieder in das Loch fallen zu lassen. Die Erde andrücken.

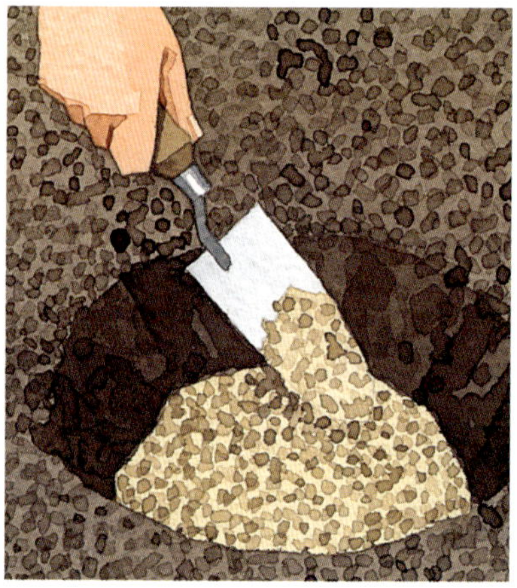

1 Man kann auch ein Loch zu graben. Bei schweren Böden eine Schicht Kiesel zur besseren Drainage hinzufügen.

2 Die Zwiebeln im Abstand ihrer doppelten Größe in das Loch setzen.

3 Erde um die Zwiebeln herum wieder in das Loch füllen. Mit der stumpfen Seite eines Rechens andrücken.

BLUMENZWIEBELN IN TÖPFE UND SCHALEN SETZEN

!! 10 MIN. PRO BLUMENTOPF

• Blumentöpfe und Schalen sind einfach zu bepflanzen
• Setzen der Zwiebeln in Schichten kann die Gesamtblühzeit verlängern

Blumentöpfe mit Frühlingszwiebeln verschönern Terrassen und Gärten. Die Pflanzmethode ist einfach. Die gesetzten Zwiebeln können bis drei Jahre im Topf bleiben oder in den Garten gesetzt werden (*siehe S. 61*).
• Tulpenzwiebeln werden am besten Mitte oder Ende des Herbstes gesetzt.

▲ *Hyazinthen und winterharte Primeln bilden dieses blau-gelbe Muster in leuchtenden Farben.*

1 Zur Verbesserung der Drainage den Boden von Terrakottatöpfen mit Tonscherben auslegen.

2 Den Boden des Topfes mit lockerer und lehmhaltiger Komposterde füllen. Die Zwiebeln im Abstand ihrer Größe in zwei Zwiebeltiefen setzen.

3 Topf bis 2,5 cm unter den Rand mit Komposterde füllen und mit einer Schicht Kies bedecken. Wässern und an einen geschützten Platz ins Freie stellen.

TIPPS

❀ Terrakottatöpfe bieten Blumenzwiebeln guten Schutz vor Kälte. Damit sie im Winter nicht bersten, bevorzugen Sie beim Kauf die qualitativ höherwertigen frostsicheren Töpfe.

❀ Kontrollieren Sie die Feuchtigkeit der Komposterde in bepflanzten Töpfen in niederschlagsarmen Winterzeiten und gießen sie bei Bedarf ein wenig.

❀ Um die Zwiebeln gut zu versorgen, nehmen Sie einen pottaschehaltigen Dünger gemäß Gebrauchsanweisung.

Eine längere Blüte wird durch Setzen verschiedener Zwiebelsorten in einem Topf erreicht (zwei Zwiebeltiefen).

Bei großen Töpfen einer Blumensorte Zwiebeln schichtweise verschieden tief stecken.

NICHT WINTERHARTE STAUDEN ÜBERWINTERN

! 5 MINUTEN PRO PFLANZE

- **Überwinterung von teuren Arten hält die Kosten für aufwändige Blumenbeete gering**
- **Nach dem Eintopfen ist der Aufwand im Winter minimal**
- **Garten- und Topfgeranien verschönern im Winter das Haus**

Nicht winterharte Stauden wie Geranien (*Pelargonium*), Fuchsien und Margeriten (*Argyranthemum*) sind ein Muss in Sommerbeeten, aber sie können recht teuer sein. Um die Kosten gering zu halten, bringen Sie sie vor dem ersten Frost zum Überwintern ins Haus, um sie im nächsten Frühling wieder einzutopfen (*siehe S. 24*). Garten- und Topfgeranien können in einem warmen Raum überwintern, wo sie oft weiterblühen und so im Winter für mehr Farbe im Haus sorgen. Andere Geranienarten und nicht winterharte Stauden überwintern am besten in kalter, frostfreier Umgebung. Einige von ihnen, wie Fuchsien, verlieren ihre Blätter und haben Ruhezeit. Alle Pflanzen, die in kühlen Räumen überwintern, sollten nur selten gegossen werden, und ruhende Pflanzen können vollständig ausgetrocknet werden, bevor man sie mäßig gießt.

1 Wenn die mehrjährige Pflanze (hier Gartengeranie) mit anderen Pflanzen in einem Topf sitzt, Topf abnehmen und vorsichtig alle einjährigen Pflanzen entfernen. Dabei viel Wurzelwerk erhalten.

2 Einen Topf aussuchen, der kaum größer ist als der Wurzelballen. Die Pflanze einsetzen, Komposterde entlang der Seitenwände füllen, festdrücken und gut gießen.

3 Hauptstiele auf etwa halbe Höhe zurückschneiden und alle Stiele ausschneiden, die die Mitte der Pflanze zuwuchern. Oberhalb von Augen schneiden, um ein späteres Weiterwachsen sicherzustellen.

4 Um auch im Winter Blüten zu haben, den Topf an einen warmen, hellen Platz stellen; mäßig gießen. Ansonsten die Pflanzen an einem hellen, frostfreien Ort überwintern und selten gießen.

TIPPS

❀ Pflanzen lassen sich einfacher und mit minimaler Schädigung der Wurzeln voneinander trennen, indem man den Topf etwa eine Stunde zuvor in Wasser stellt. Wässern Sie Pflanzen vor dem Umtopfen ebenso.

❀ Wenn eingetopfte Pflanzen zu viel Platz im Zimmer einnehmen, können nicht winterharte Stauden als halbreife Stecklinge überwintert werden, die Sie gegen Mitte oder Ende des Sommers schneiden (*siehe S. 69*).

❀ Fuchsien und Margariten brauchen im Herbst nicht zurückgeschnitten werden – ein Rückschnitt dieser Arten ist auch im Frühling möglich (*siehe S. 24*).

❀ Zu den anderen empfindlichen Stauden, die erfolgreich überwintert werden können, gehören Nemesie, Kapkörbchen, Verbene, Hahnensporn und Scaevola.

❀ Pflanzen, die sich im eigenen Topf befinden, können einfach ins Haus gestellt und zurückgeschnitten werden.

▲ *Margeriten lassen sich einfach überwintern.*

RASEN AUSSÄHEN

!!! 5 MINUTEN PRO QM

- **Aussähen von Rasen ist leichter als Ausrollen von Rasenmatten**
- **Saatgut ist kostengünstig, besonders bei großen Flächen**
- **Es gibt viele Rasenmischungen**
- **Aussähen von Rasen im Herbst spart Folgekosten**

Aussaat von Rasen hat diverse Vorteile gegenüber dem Ausrollen von Rasenmatten (*siehe S. 38*). Es ist leichter und billiger und es stehen Saatmischungen für alle Nutzungsarten und Lagen zur Verfügung. Der einzige Nachteil besteht darin, dass der neue Rasen erst nach drei bis vier Monaten genutzt werden kann. Um ein Anwachsen des Grases sicherzustellen, sprengen Sie es regelmäßig. Wenn es ca. 5 cm hoch ist, entfernen Sie das Netz und mähen das Gras mit hoch gestelltem Messer. Verringern Sie bei jedem Mähen nach und nach die Schnitthöhe, bis die Rasenfläche dicht ist.
■ Rasen kann auch im Frühling ausgesäht werden. Allerdings kommt es dann zu vermehrtem Unkrautwuchs.

TIPPS

❀ Rühren Sie die Grassamen für eine gleichmäßige Mischung vor dem Aussäen gut durch.

❀ Verwenden Sie einen Streuwagen. Wiegen Sie die für die Fläche benötigte Gesamtmenge ab und säen Sie zunächst eine Hälfte in Längs- und dann die andere Hälfte in Querrichtung.

❀ Betreten Sie den Rasen erst, wenn er gut angewachsen ist.

❀ Entfernen Sie mehrjähriges Unkraut sofort. Graben oder ziehen Sie sie aus dem Boden oder verwenden Sie einen schmalen Jäter (*siehe S. 131*).

▲ *Ein dichter, üppiger Rasen dank sorgfältiger Aussaat und Pflege.*

1 Boden vorbereiten (*siehe S. 36–37*) und mit Heringen und Bindfaden in 1 qm große Flächen unterteilen.

2 Empfohlene Menge Saatgut pro Quadratmeter abwiegen. In einen Plastikbecher füllen und die Füllhöhe markieren.

3 Um in jedem Gitterquadrat eine gleichmäßige Verteilung zu erreichen, die Hälfte der Saat in eine Richtung, die andere Hälfte rechtwinklig dazu aussähen.

4 Für ein besseres Anwachsen das Saatgut leicht in die Bodenoberfläche harken. Gut angießen und bei Trockenheit feucht halten.

5 Zum Schutz vor Vögeln, die den Boden gerne für Staubbäder benutzen und das Saatgut fressen, alles mit feinem Maschendraht bedecken und befestigen.

KRÄUTER FÜR DEN WINTER EINTOPFEN

! 5 MINUTEN PRO TOPF

- **Anheben, Teilen und Eintopfen geht schnell und einfach vonstatten**
- **Etwas zusätzliche Wärme beschert im Winter üppige Vorräte an Kräutern, die im Freien meist eingehen**
- **Für eine Vielzahl beliebter Kräuter möglich**
- **Minimale Pflege, seltenes Gießen**

Viele Kräuter gedeihen problemlos im Haus und können dort jederzeit geerntet werden. Besonders wertvoll sind Kräuter wie Minze und Schnittlauch, die im Winter im Garten eingehen. Die wärmeren Bedingungen im Haus lassen sie weiterwachsen, so dass der Genuss frisch geernteter Kräuter auch in der kalten Jahreszeit möglich ist. Auch Estragon, Majoran und Zitronenmelisse gehen im Winter draußen ein und können fürs Zimmer eingetopft werden. Stellen Sie die Kräuter an einen kühlen, hellen Ort – ein unbeheizter Wintergarten oder ein Gewächshaus ist ideal. Halten Sie alle Kräuter nur mäßig feucht.

TIPPS

❀ Kräuter lassen sich einfacher anheben und teilen, wenn die Erde feucht ist oder wenn Sie etwa eine Stunde zuvor gründlich gegossen wurden.

❀ Um die beliebtesten Kräuter regelmäßig ernten zu können, zwei oder drei Töpfe damit bepflanzen. Ernten Sie jeweils nur aus einem Topf und lassen Sie den Rest in Ruhe wachsen.

❀ Kräuter, die den Winter im Topf waren, können im Frühling in den Garten ausgepflanzt werden. Dort sollten sie aber ein Jahr nicht geerntet werden.

Um im Winter Schnittlauch ernten zu können, eine Gruppe anheben und ein oder zwei Büschel abteilen. Beschädigte Zwiebeln entfernen. Hauptgruppe zurücksetzen und gut gießen.

1 Erde um einen Minzebüschel lockern, einen Stängel mit einem guten Wurzelsystem herausziehen und Erde wieder festdrücken. Wurzeln der ausgesuchten Stängel passend zurückschneiden.

2 Den Boden eines Terrakottatopfs mit Tonscherben bedecken und die Kräuter in lehmhaltiger Komposterde eintopfen. Topf bis 1 cm unter den Rand mit Komposterde füllen, andrücken und gut angießen.

3 Die eingetopften Kräuter zurückschneiden, um das Wachstum anzuregen, und wieder ins Freie stellen. Vor dem ersten Frost die Kräuter für den Winter an einen hellen Platz im Haus stellen.

▸ *Ingwerminze mit ihrer ansprechenden Mehrfarbigkeit ist nützlich und dekorativ.*

FRÜHLINGSKOHL PFLANZEN

! 15 MINUTEN FÜR 12 KOHLKÖPFE

- **Frühlingskohl ist eine anspruchslose Kulturpflanze, die frisch geerntet die meisten Nährwerte hat**
- **Im Winter ungenutzte Bodenflächen sind gut für den Kohlanbau**
- **Durch dichtes Pflanzen und zeitlich versetztes Ernten stehen Früh- und Sommersorten zur Verfügung**

Frühlingskohl schmeckt gut, ist gesund und leicht zu ernten. Und er nutzt Bodenflächen im Küchengarten, die sonst während des Winters brachliegen. Wenn der Boden für die Vorgängerpflanze gut vorbereitet war, sind weitere Vorbereitungen nicht nötig. Umgraben ist eher kontraproduktiv, weil Kohl am besten auf festen Böden gedeiht. Rasches Wachstum durch Überdüngung führt im Winter zu Problemen. Kohlpflanzen bevorzugen offene, sonnige Lagen. Das trifft vor allem auf den Frühlingskohl zu, der sich mit weniger Lichteinfall in den kurzen Wintertagen begnügen muss.

TIPPS

❀ Um eine Mischung aus Frühlings- und Sommerkohl zu erhalten, die Pflanzen im Abstand von nur 10–15 cm einsetzen. Ernten Sie jede zweite Pflanze als loseblättrigen Frühlingskohl; lassen Sie den Rest weiterwachsen, um ihn später als festeren Kopfkohl zu ernten.

❀ Kohl braucht viel Feuchtigkeit. Gießen Sie ihn deshalb während Trockenperioden im Frühling reichlich.

❀ Um früher ernten zu können, bedecken Sie das Kohlfeld im späten Winter zur Wärmeentwicklung mit Gartenfolie. Entfernen Sie die Folie, wenn die Temperaturen im Frühling steigen.

1 Mit einer Schaufel Pflanzlöcher in 30 cm Abstand in versetzten Reihen so ausheben, dass sie alle denselben Abstand haben. Dann die gekauften oder selbst gezogenen Kohlschösslinge einsetzen. Gut andrücken und gründlich wässern.

2 Jede Pflanze mit einer Manschette vor der Kohlfliege schützen. Die Larven der Kohlfliege können sonst die Wurzeln befallen und so die Pflanze ruinieren.

3 Den Kohl zu Frühlingsbeginn mit Stickstoff düngen. Flüssigdünger wirkt am schnellsten und kann dem Gießwasser zugesetzt oder auch auf die Blätter gesprüht werden.

4 Zu Beginn des Frühlings mit der Ernte beginnen. Um eine Pflanze ein zweites Mal ernten zu können, ein leichtes Kreuz in den Strunk ritzen. Drei bis vier kleinere Kohlköpfe entwickeln sich dann daraus.

▸ *Frühlingskohl ist eine nützliche, einfache und nährstoffreiche Kulturpflanze.*

HERBSTMITTE

Wenn es kälter wird, gibt es im Garten mehr zu tun als im Sommer und Frühherbst. Es kann mit dem Pflanzen begonnen werden, immergrüne Sträucher können umgepflanzt und Kletterrosen zurückgeschnitten werden. Außerdem gibt es verschiedene Möglichkeiten, nach dem Zurückschneiden der Pflanzen die Gartenabfälle sinnvoll zu nutzen. Zuletzt sollten Sie sich etwas Zeit nehmen, Blumentöpfe oder Blumenkästen als Farbtupfer im Winter und Frühling zu bepflanzen – es ist schnell getan und lohnt sich.

▲ *Beeren von* Sorbus cashmiriana.

RÜCKSCHNITT FÜR WINDSCHUTZ

!!! | 5–15 MINUTEN PRO PFLANZE

- **Die Pflanzen jetzt zurückzuschneiden vermindert Windbruch**
- **Die Methode ist schnell und einfach**

Pflanzen wie Buschrosen und spät blühende Sträucher wie Schmetterlingsstrauch und Buschmalve können am Ende des Sommers hoch gewachsen sein. Ist der Garten dem Wind ausgesetzt, erleiden diese Pflanzen im Winter leicht Windbruch. Sind sie nicht zurückgeschnitten, werden sie bei starkem Wind durchgerüttelt, so dass das Wurzelsystem starken Schaden nehmen kann. Dieser Effekt kann durch einfaches Kappen der Pflanzen verhindert werden.

1 Mit einer Gartenschere dünne Zweige entfernen. Ebenso alle abgestorbenen Äste ausschneiden, damit sie im Winter nicht weiter absterben.

2 Die verbleibenden Zweige mit einem geraden Schnitt oberhalb eines Blattansatzes um ca. ein Viertel kürzen (oder lange Zweige auch etwas mehr).

TIPPS

❀ Um weniger Zeit für das Zurückschneiden zu benötigen, bringen Sie zukünftig größere Pflanzen in windgeschützteren Ecken des Gartens unter.

❀ Schmetterlingstrauch, Buschmalven und Buschrosen schneiden Sie am besten im Frühling zurück (*siehe S. 18–19*).

▶ *Um Windschäden zu verhindern, schneiden Sie hohe, frei blühende Buschmalven zurück.*

IMMERGRÜNE STRÄUCHER UND KONIFEREN UMSETZEN

!! 45 MIN. PRO GROSSE PFLANZE

- **»Recycling« wertvoller immergrüner Sträucher und Koniferen, die an ihrem Standort schlecht gedeihen**
- **Verbessert die Gartengestaltung zum Teil erheblich**

Wenn sich Gärten weiterentwickeln, werden Sie irgendwann evtl. bemerken, dass eine Pflanze am falschen Platz steht. Es könnte sich um eine sonnenliebende Pflanze handeln, die im Schatten steht, um eine Pflanze, die für ihre Umgebung zu groß geworden ist oder die von anderen Pflanzen überwuchert wird, oder einfach um eine Pflanze, die nicht mehr zu ihrem Standort passt. Pflanzen umzusetzen ist nicht so riskant, wie angenommen wird. Jüngere Pflanzen sind einfach umzusetzen. Und obwohl ältere, größere Pflanzen zum Anwachsen länger brauchen und mehr Pflege benötigen, können auch sie erfolgreich umgepflanzt werden. Es ist wichtig, sie im ersten Winter mit Gartenvlies vor strengem Wind zu schützen und sie im ersten Frühling und Sommer bei Trockenheit gut zu wässern.

TIPPS

❀ Bei trockenem Wetter den Boden einen Tag vor dem Umpflanzen gut wässern. So wird bei schweren Böden das Graben erleichtert und die Wurzeln nehmen weniger Schaden.

❀ Lassen Sie sich bei besonders großen Pflanzen helfen.

❀ Kleine Sträucher und Koniferen sind einfacher umzupflanzen. Graben Sie rund um die Pflanze im 45°-Winkel, und nehmen Sie dabei möglichst viel Ballen heraus. Tragen Sie die Pflanze auf einem Spaten zu ihrem neuen Platz im Garten.

1 Einen Kreis um die äußersten Zweige der Pflanze (hier: Rhododendron) markieren und einen schmalen Graben um den Kreis ziehen.

2 Vorsichtig Erde aus dem Wurzelballen harken, um dessen Größe zu reduzieren. Kleinere Pflanzen mit leichteren Wurzelballen können so belassen werden.

3 Mit einem Spaten unter den Wurzelballen gehen. Evtl. dicke Wurzeln dabei kappen. Ballen aus der Erde heben und eine Kunststofffolie darunter schieben.

4 Wurzelballen von der anderen Seite ebenso anheben, die Folie durchziehen und die Ecken am Stamm befestigen, um den Wurzelballen zu schützen.

5 Neues Pflanzloch mit dem doppelten Durchmesser des Ballens graben. Boden des Lochs mit einer Heugabel auflockern; eine dünne Schicht Kompost einfüllen.

6 Pflanze ebenerdig in das Loch setzen. Folie entfernen. Das Loch mit einer Kompostmischung auffüllen, fest klopfen, gut wässern. Mit Rindenmulch bedecken.

CLEMATIS (WALDREBE) AN EINEM BAUM KLETTERN LASSEN

! 20 MINUTEN PRO PFLANZE

• An einem Baum kletternde Clematis sehen wunderschön aus
• Sobald die Clematis die Baumkrone erreicht, braucht sie keine weitere Stütze mehr

Die Clematis ist eine der beliebtesten blühenden Kletterpflanzen und sieht wunderschön aus, wenn sie an einem Baum emporwächst – solange Baum und Clematis zueinander passen. Die kleinblütigen *Clematis alpina* und *Clematis macropetala* blühen im Frühling und eignen sich für kleine Bäume. Die beliebten großblütigen Hybriden blühen von Spätfrühling bis Frühherbst. Sie sind robuster und brauchen einen höheren Baum, idealerweise einen alten Apfel- oder Birnbaum. Junge Clematispflanzen benötigen vor allem viel Feuchtigkeit.

TIPPS

❀ Stellen Sie die Clematis vor dem Pflanzen ins Wasser und zupfen Sie vor dem Einpflanzen kreisförmig wachsende Wurzeln aus dem Ballen.

❀ Die besondere Pflanztiefe dient zur Vorbeugung gegen Clematis-Welke, denn die Clematis erholt sich meist, indem sich aus Stängeln unter der Erde eine neue Pflanze bildet.

❀ Am besten pflanzen Sie die Clematis auf die Schattenseite des Baumes, um die Wurzeln kühl zu halten. Oder Sie schützen die Wurzeln mit Steinplatten.

❀ Wenn die Erde aus dem Pflanzloch nährstoffarm ist, ersetzen Sie sie durch gute Gartenerde, gemischt mit Kompost.

1 Clematis gut wässern. Ein Loch von 45 x 45 cm mit mindestens 45 cm Abstand vom Baum graben. Boden des Loches harken, eine Kompostschicht einfüllen.

2 Ausgegrabene Erde mit Kompost mischen und Clematis einsetzen, so dass sich der obere Teil ihres Ballens 10 cm unterhalb des Bodenniveaus befindet.

3 Mit Erdmischung auffüllen, gut festklopfen. Ein Clematisnetz um den Baumstamm wickeln. Die Clematis um einen stärkeren Stab wickeln, der im flachen Winkel im Netz befestigt ist.

4 Boden um die Clematis mit Rindenmulch bedecken. Zur besseren Bewässerung einen 25 cm großen Topf neben der Pflanze eingraben, damit das Wasser direkt an den Ballen gelangt. Gut angießen.

▸ *Auf Grund ihres engen Wuchses ist die im Sommer blühende C. »Comtesse de Bouchaud« bestens geeignet, an kleineren Bäumen zu ranken.*

KLETTERROSEN SCHNEIDEN

!!! 20–30 MINUTEN PRO PFLANZE

• Jährlicher Rückschnitt führt zu gesünderen, schöneren Pflanzen
• Gelegentliches Ausschneiden von Hauptstämmen fördert starkes junges Wachstum aus der Basis

Kletterrosen sind ideal, um Wände und Pergolas damit zu beranken. Und vor allem für kleinere Gärten eignen sich Kletterrosensorten besonders gut, die durchgehend blühen oder im Herbst ein zweites Mal in voller Blüte stehen. Kletterrosen sollten erst im dritten Jahr zurückgeschnitten werden, es sei denn, ihr Wachstum ist sehr kräftig. Dies ist besonders wichtig bei Kletterformen von Buschrosen, wie »Climbing Iceberg«, die als Rosenbüsche wachsen, wenn sie zu früh stark zurückgeschnitten werden. Der Rückschnitt sollte also mit Vorsicht durchgeführt werden, um unschönen Wuchs zu entfernen und um neue Hauptstämme in der Breite wachsen zu lassen.

TIPPS

❀ Es ist wichtig, alle neuen Triebe nach dem Rückschnitt anzubinden, solange sie noch biegsam sind. Wenn Sie damit bis zum nächsten Jahr warten, können die Triebe steif und schwer zu bearbeiten sein, insbesondere, wenn Sie sie horizontal biegen wollen.

❀ Einige Kletterrosenarten neigen eher zu blattlosen Zweigen und geringem Breitenwachstum als andere. Statt alle paar Jahre ein oder zwei ältere Zweige auszuschneiden, können Sie einen Strauch oder eine Staude vor die Rose pflanzen und so die unansehnlichen Zweige verdecken.

1 Wenn die Rose abgeblüht ist, alle zu dünnen, abgestorbenen oder beschädigten Zweige am Hauptstamm abschneiden. Alle absterbenden Zweige etwa 5–8 cm ins grüne Holz kappen.

2 Alle Seitentriebe ca. 10–15 cm über dem Hauptstamm zurückschneiden, Schnitt über einem nach außen weisenden Auge ansetzen. So werden formschönes Wachstum und eine gleichmäßige Verteilung der Blätter und Blüten gefördert.

3 Alle überlangen Hauptstämme zurückschneiden, um sie innerhalb der vorgesehenen Größe zu halten. Alle neuen langen Triebe nach Möglichkeit horizontal anbinden.

Wenn die Pflanze in Bodennähe blattlos ist und zu wenig Breitenwachstum aufweist, ein oder zwei ältere Stämme 30 cm über dem Boden ausschneiden, um so neue Triebe zu fördern.

▶ Rosa *»Alchymist«, eine robuste Kletterrose mit stark duftenden Blüten im Frühsommer, sollte Mitte des Herbstes zurückgeschnitten werden.*

STEINGÄRTEN AUFRÄUMEN

!!! 10 MINUTEN PRO ARBEITSGANG

- **Ein schnelles Aufräumen rückt Pflanzen ins beste Licht**
- **Entfernen von Herbstlaub verhindert das Faulen empfindlicher Pflanzen**

Steingärten sehen im Herbst oft etwas trostlos aus, wenn weniger Pflanzen blühen und krautige Pflanzen abzusterben beginnen. Alpinpflanzen stehen meist als Einzelexemplare vor einer aufgeräumten Deckschicht, so dass jedes ungepflegte Exemplar besonders auffällt. Glücklicherweise lässt schnelles Aufräumen den Steingarten im Winter sauber und ordentlich aussehen. Fäulnis ist der Hauptfeind alpiner Steingärten, besonders der Sukkulenten wie Fetthenne und Hauswurz. Für diese Pflanzen ist es lebenswichtig, dass herabgefallenes Laub regelmäßig entfernt wird. Zudem können Sie, um Fäulnis bei Alpinpflanzen einfach vorzubeugen, die zu dünne oder stellenweise fehlende Deckschicht erneuern (*siehe S. 16*).

TIPPS

❀ Wenn Sie krautige Alpinpflanzen im Herbst zurückschneiden, ist es eine kluge Vorsichtsmaßnahme, eine schützende Blattschicht von 5–8 cm stehen zu lassen. Diese Schicht schützt die Kronen der Pflanzen und vermindert so Verluste durch Frostschäden.

❀ Immergrünen Sonnenröschen helfen Sie, wenn Sie sie im Herbst auf halbe Höhe zurückschneiden. Das fördert ein dichtes, buschiges Wachstum sowie mehr und schönere Blüten im folgenden Jahr.

Laub regelmäßig wegräumen, besonders, wenn es Pflanzen bedeckt, da Blätter eine feuchte Umgebung schaffen, die Fäulnis begünstigt.

Mit einem scharfen Messer abgestorbene Rosetten von Steinbrechen und ähnlichen Pflanzen abschneiden, den Schnitt unterhalb der Rosette ansetzen. Etwas Kies in die Lücke füllen.

Für schnelleres und einfacheres Entfernen von vertrockneten Blütenständen die Pflanzen (hier Thymian) mit einer Gartenschere stutzen. Gleichzeitig überstehendes Blattwerk zurückschneiden.

Mit einer Gartenschere die abgestorbenen Blatttriebe von krautigen Alpinpflanzen 5–8 cm über dem Boden abschneiden. Schnecken bevorzugen abgestorbenes Blattwerk als Winterversteck.

▶ *Ein paar einfache Handgriffe lassen den Steingarten den Herbst und Winter hindurch ordentlich und gepflegt aussehen.*

TEICHPFLEGE

!!! | 20 MIN. PRO KLEINEM TEICH

- **Ein Rückschnitt ist eine schnelle und einfache Arbeit, die sofort das Aussehen des Teiches verbessert**
- **Entfernung von Herbstlaub beugt Wasserverunreinigung vor**

Teichpflanzen beginnen nun, trostlos und müde auszusehen. Diejenigen Teichpflanzen zurückzuschneiden, die im Winter absterben, hat einen doppelten Vorteil: Zum einen verbessert es den Gesamteindruck des Teiches, wenn unansehnliche, zusammenfallende Pflanzenteile entfernt werden, und zum anderen wird eine Verunreinigung des Wassers durch absterbende oder abgestorbene Blätter verhindert.

TIPPS

❀ Entfernen Sie beim Zurückschneiden der Uferpflanzen gleichzeitig die Blätter und Blüten von Wasserlilien und dünnen Sie Sauerstoff erzeugende Pflanzen aus, wenn sie sich stark ausgebreitet haben (*siehe S. 67*).

❀ Fische im Teich sind leichtere Beute für ihre Jäger, wenn ein Großteil der Vegetation entfernt wurde. Bieten Sie daher den Fischen in kurzen Abflussrohrstücken Schutz.

▲ *Ein Rückschnitt abgeblühter Uferpflanzen erhält den Teich ordentlich und gesund.*

Mit einer Gartenschere abgeblühte Spitzen der Uferpflanzen zurückschneiden, um einer Wasserverunreinigung durch absterbende Blätter vorzubeugen.

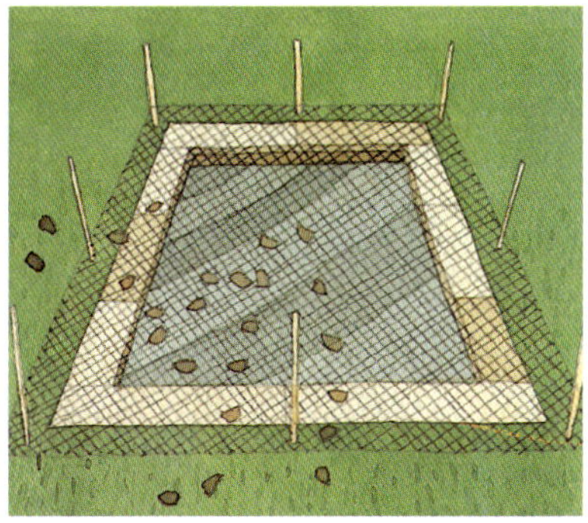

Herabfallendes Laub aus dem Teich fern halten. Es ist einfacher, kleinere Teiche mit einem Netz abzudecken als täglich Blätter aus dem Wasser zu fischen.

SAMEN ERNTEN

! | 5–10 MINUTEN PRO PFLANZE

- **Samen ernten und aufbewahren ist einfach und kostet nichts**

Ernten von Samen ist eine gute Möglichkeit, den Fortbestand von schönen Pflanzen, besonders Ein- und Zweijährigen, zu sichern.

TIPPS

❀ Seedheads that are still soft and fleshy can be left to ripen on sheets of blotting paper or paper towel.

❀ Always store seed in paper bags or envelopes (never plastic) and keep in cool, dry conditions.

Einige Pflanzen (hier Mohn) geben ihren Samen bereitwillig ab. Er kann gesammelt werden, indem man die Samenkapseln in einer Papiertüte schüttelt und den Samen in einen Briefumschlag umfüllt, in dem er aufbewahrt wird.

Von Pflanzen, die ihren Samen nicht so bereitwillig abgeben (hier Stockrose), die reifen Samenkapseln pflücken und vorsichtig auf einen Teller leeren, dabei den Samen von anderen Rückständen trennen.

PFLANZENABFÄLLE VERWERTEN

!! MAX. 30 MIN. PRO AUFGABE

• Gras- und Blattabfälle sind wertvolles Material für den Kompost
• Ein Häcksler zerkleinert schnell Blatt- und Holzabfälle für den Kompost oder als guten Mulch

Auch der kleinste Garten kann eine erstaunliche Menge an Gartenabfällen hervorbringen und beinahe alles kann verwertet werden und liefert wertvolles Material als Mulch, für den Komposthaufen oder wenn Boden neu bestellt wird. Grasschnitt und Blattabfälle können zusammen mit zerkleinerten Zweigen auf den Komposthaufen gebracht werden (*siehe gegenüberliegende Seite*). Holzabfälle bis zu einem Durchmesser von ca. 2,5 cm können mit einem Gartenhäcksler verarbeitet werden und sparen so die Kosten für Mulch. Der Häcksler kann auch zum Zerkleinern von Blattabfällen verwendet werden, die dann auf dem Komposthaufen schneller zerfallen.

TIPPS

❀ Wenn eine größere Menge an biegsamen Zweigen zum Zerkleinern anfällt, machen Sie es sich einfach. Holen Sie sich einen Stuhl und schneiden Sie sie für den Transport auf den Kompost in eine große Tüte oder einen Eimer.

❀ Tragen Sie beim Häckseln wegen stacheliger Zweige und fliegender Pflanzenteile Handschuhe und eine Schutzbrille. Benutzen Sie den Häcksler nur zu verträglichen Zeiten, denn die Geräte können sehr laut sein (wobei mittlerweile »Flüster«-Modelle auf den Markt kommen).

❀ Häcksler können sehr schwer sein, wählen Sie daher zur besseren Handhabung ein Modell mit Rädern.

Junge, biegsame Zweige von Bäumen und Sträuchern können mit Küchen- und Gartenabfällen auf den Kompost gegeben werden. Wenn sie fein zerkleinert werden, zersetzen sie sich schnell.

Beim Umgraben von Boden (*siehe S. 107*) die Gräben mit einer 5–8 cm dicken Schicht von Blattabfällen auslegen. Sie zerfallen und tragen so zur Verbesserung des Bodens bei.

Ein Häcksler zerkleinert Holzabfälle. Das entstandene Material lässt sich als wertvoller Mulch verwenden oder kann zur weiteren Dekompostierung auf den Komposthaufen gegeben werden.

Wenn kein Häcksler zur Verfügung steht, Holzabfälle in Tüten füllen und in den Müll geben. Verbrennen Sie Holzabfälle nicht, die Rauchentwicklung stört Ihre Nachbarn.

▶ *Kompost ist die optimale Verwertung von geeigneten Küchen- und Gartenabfällen.*

KOMPOSTIEREN

!! MAX. 30 MIN. PRO VORGANG

- **Kompostieren verwertet Küchen- und Gartenabfällen**
- **Kompostmulch dient der Bodenverbesserung**

Obwohl Kompost nicht jedermanns Sache ist, hat das Kompostieren einen guten Zweck, indem alle möglichen Küchen- und Gartenabfälle in eine wertvolle Masse für den Gartenboden verwandelt werden. Bauen Sie den Kompost so auf, dass er aus einer guten Mischung aus feuchten und festeren Materialien besteht, und bedecken Sie Holzbehälter mit Kunststofffolie oder einem alten Teppich. Wenn Sie große Mengen an trockenen Materialien verwenden, befeuchten Sie den Komposthaufen, um die Zersetzung zu beschleunigen, so dass er gleichmäßig feucht, aber nicht nass ist. Komposttstarter regen den Zersetzungsprozess ebenso an wie dünne Schichten Gartenerde oder Stalldung.

TIPPS

❀ Die meisten organischen Materialien können auf den Komposthaufen geworfen werden, sogar eine im Häcksler zerkleinerte Zeitung als Füllmaterial.

❀ Als Materialien zu meiden sind: Fleisch, weil es Ratten anzieht; Unkraut, das bereits Samen entwickelt hat; die Wurzeln von mehrjährigem Unkraut wie der Winde und von Krankheiten befallenes Pflanzenmaterial, das die Kompostierung überstehen kann und dann den Garten erneut »ansteckt«.

❀ Leeren Sie den Behälter aus, wenn der größte Teil des Materials kompostiert ist, und harken Sie das trockenere, weniger kompostierte Material auf den Boden eines neuen Komposthaufens.

1 Küchen- und Gartenabfälle schichtweise in den Kompostbehälter füllen. Gleichmäßig verteilen, um Lufttaschen zu verhindern. Grasschnitt auf dem Haufen verteilen, statt ihn als feste Masse daraufzugeben, die schmierig wird.

2 Um den Kompostierungsprozess zu beschleunigen, Komposthaufen etwa alle 15–23 cm mit flüssigem Kompoststarter besprühen. Starter in Granulatform zugeben. Den Behälter bedeckt halten, wenn er nicht benutzt wird.

3 Für optimale Ergebnisse den Komposthaufen nach einigen Wochen wenden: Ausleeren, auf den Boden im Behälter das braune Material schichten und trockenes Material in die Mitte des Haufens harken.

Kompostbehälter aus Plastik mit offenem Boden sind gut geeignet: Pyramidenförmige Modelle sind am einfachsten hochzuheben, wenn der Kompost gewendet werden muss.

▶ *Verschiedene Behälter sorgen für eine konstante Versorgung mit hausgemachtem Kompost.*

FARBENPRACHT FÜR WINTER UND FRÜHLING PFLANZEN

! 20 MIN. PRO GROSSEM TOPF

• Winterpflanzungen benötigen nur minimale Pflege
• Frühlingsblumen und Zwiebeln können hinzugefügt werden, um die Blütenfülle zu verlängern

Terrassen sehen im Herbst etwas langweilig und farblos aus. Um mehr Leben und Farbe in die Winterzeit zu bringen, bepflanzen Sie ein paar Blumentöpfe oder Blumenschalen. Es geht einfach und schnell und Wintertöpfe benötigen wenig Pflege – blühende Pflanzen nur ab und zu von welken Blüten befreien und mäßig gießen, wenn die Topferde zu trocken wird. Düngen ist nicht nötig. Die Auswahl an Winterpflanzen mit Blüten, Blättern und Beeren ist groß, wobei frostharte Stiefmütterchen sehr beliebt sind. Wenn Sie Frühlingspflanzen wie Knollen- und Zwiebelpflanzen, Primeln und Gänseblümchen (*Bellis perennis*) mit einpflanzen, haben Sie lange Freude an ihrem Blumentopf.

1 Ein guter Wasserabluß ist für Winterblumentöpfe wichtig. Deshalb eine großzügig bemessene Schicht Tonscherben oder Kies auf den Boden eines Terrakottatopfes füllen. So wird verhindert, dass das Abflussloch mit Blumenerde verstopft wird.

2 Topf mit wasserdurchlässiger, lehmiger Komposterde auffüllen; eine Lage Blumenzwiebeln in die Erde stecken. Die Zwiebeln zwei Zwiebeltiefen tief, kreisförmig und in 5 cm Abstand voneinander in die Erde stecken.

3 Zwiebeln bis ca. 5–8 cm unterhalb des Topfrandes mit Blumenerde bedecken. Dann eine immergrüne Pflanze (hier Skimmie) in der Mitte des Topfes in die Erde setzen.

4 Pflanzen wie frostharte Gänseblümchen entlang des Topfrands in die Erde setzen und mit Dauerblühern wie robusten Primeln auflockern. Wenn nötig, mit Blumenerde auffüllen. Gut angießen.

TIPPS

❀ Am einfachsten lassen sich Töpfe mit vielen immergrünen Pflanzen (z. B. Koniferen, junge Sträucher und Efeu) gestalten, die mit winterblühenden Blumen unterpflanzt sind. Im Spätfrühling können Winterblumen leicht entfernt und durch Sommerarten ersetzt werden.

❀ Um die Freude an bepflanzten Blumentöpfen zu erhöhen, stellen Sie sie so auf, dass sie vom Haus aus gut zu sehen sind.

❀ Beim Bestücken von Fensterblumenkästen stecken Sie auch ein paar Hyazinthenzwiebeln mit in die Erde.

▶ *Skimmien werden wegen ihrer attraktiven Blüten und Beeren im Winter geschätzt.*

RASENRÄNDER INSTAND SETZEN

!!! 15 MINUTEN PRO FLÄCHE

• Im Winter sind Schäden der Rasenränder deutlicher sichtbar. Ränder im Herbst zu reparieren lässt Rasen im Winter gut aussehen
• Die »Stech-und-Dreh-Methode« ist schnell und effektiv

Rasenränder können auf verschiedene Weisen beschädigt werden und im Herbst sind die Schäden leider besonders gut zu sehen. Angrenzende Pflanzen können problematisch sein: Wenn sie auf den Rasen übergreifen und das Gras überschatten, führt das zu einer kahlen Stelle. Es ist schwierig, direkt an ein Beet grenzende Rasenränder wiederaufzubauen und neu zu sähen. Die »Stech-und-Dreh-Methode« ist sehr viel einfacher und Erfolg versprechender.

■ Rasenränder können auch im Frühling repariert werden. Im Sommer ist bei Reparaturen zu beachten, dass die Saat und das junge Gras feucht gehalten werden müssen.

TIPPS

❀ Reparieren Sie Rasenränder, wenn der Boden feucht ist – die Grasnarbe lässt sich dann leichter ausstechen.

❀ Wenn der Boden nährstoffarm ist, fügen Sie dem Saatgut vor dem Aussähen etwas Düngergranulat bei.

❀ Nehmen Sie eine für den Rasen und die Lage geeignete Sorte von Grassamen. Heute gibt es kleine Päckchen Nachsaatmischung für alle Grassorten von Zierrasen bis Nutzrasen.

❀ Benutzen Sie für den Sommer einen Rasenzaun, um Pflanzen vom Rasen fernzuhalten (*siehe S. 30*).

1 Mit einem scharfen Spaten um den beschädigten Rand ein Rechteck ausstechen. Dazu entweder Augenmaß oder ein rechteckiges Stück Pappe als Schablone verwenden.

2 Grasnarbe vorsichtig mit dem Spaten in mindestens 2,5 cm Tiefe abheben und drehen, so dass sich die beschädigte Stelle gegenüber ihrer alten Position befindet. Fest andrücken.

3 Lücken im beschädigten Rasenstück mit Gartenerde oder lehmhaltiger Blumenerde füllen, glatt streichen und festdrücken. Darauf Grassamen, gemischt mit Blumenerde, streuen und gut angießen.

4 Mit feinem Maschendraht bedecken, um das Saatgut vor Vögeln zu schützen. Bei Trockenheit feucht halten. Wenn der Samen zu sprießen beginnt, den Maschendraht entfernen.

Sauber gestochene Ränder sind wichtig für einen schönen Rasen im Herbst und Winter.

SPÄTHERBST

Im Spätherbst kann es bereits erste Fröste und starke Windböen geben. Der Garten scheint sich zu verstecken und immergrüne Pflanzen hängen traurig herab, wenn der Frost sie erwischt hat. – Es ist eine Übergangszeit. Die Aufgabe des Gärtners besteht nun darin, den Garten für den Winter vorzubereiten. Pflanzen und Umgraben ist noch möglich, aber am wichtigsten ist es jetzt, Frostschäden vorzubeugen – eine unangenehme Aufgabe bei nasskaltem Wetter, an einem schönen Herbsttag jedoch eine wahre Freude.

Pampasgras und Koniferen an einem frostigen Tag.

WINDSCHUTZ

!!! MAX. 20 MIN. PRO VORGANG

• Ein paar gute Sicherheitsmaßnahmen reduzieren Windschäden in Herbst und Winter und damit auch Reparaturkosten und Zeit

Die starken Winde im Herbst und Winter können einen Garten verwüsten, aber ein paar einfache Maßnahmen helfen, die Schäden zu minimieren. Neu gepflanzte Bäume sind windanfällig und sollten immer sicher angebunden sein (*siehe gegenüber*). Wenn sie nicht fest verankert sind, kann der Wind das Wurzelwerk herausreißen und beschädigen. Kletterpflanzen erleiden ebenfalls leicht Schaden, wenn sie nicht fest angebunden sind. Bei der Kontrolle können Sie gleichzeitig prüfen, ob andere Bindungen zu eng geworden sind und ins Holz einzuschneiden drohen. Untersuchen Sie auch Gartenbauten. Ein faulender Zaunpfahl ist schnell repariert (*siehe S. 76*), wohingegen ein umgekippter Zaun eine Menge Schaden anrichten kann.

Schützen Sie Kletterrosen wie die »Climbing Iceberg«, die bis Mitte des Winters blühen kann, indem Sie lose baumelnde Zweige festbinden.

1 Prüfen, ob alle Bäume gut gesichert sind und nicht durch Wind geschüttelt werden, so dass die Wurzeln Schaden nehemn. Dies ist eine gute Gelegenheit zu kontrollieren, ob andere Bindungen nicht zu eng geworden sind.

2 Kletterpflanzen können bei windigem Wetter stark geschädigt werden, wenn sie nicht fest angebunden sind. Prüfen, ob alle bestehenden Bindungen sicher sind, und alle langen, losen Zweige mit kunststoffummanteltem Draht festbinden.

TIPPS

❀ Schließen Sie bei windigem Wetter Fenster und Türen von Schuppen und Gewächshäusern. Wenn Sie offen gelassen werden, entsteht Durchzug, durch den großer Schaden angerichtet werden kann, der evtl. nicht durch eine Versicherung abgedeckt ist.

❀ Bodenfrost und anhaltender Wind können neu gepflanzte, immergrüne Pflanzen austrocknen, die über die Blätter Feuchtigkeit abgeben und sie nicht aus dem Boden ersetzen können. Schützen Sie die Pflanzen mit Gartenvlies, um Verdunstung zu verlangsamen.

EINEN WURZELNACKTEN BAUM PFLANZEN

!!! 20 MINUTEN PRO BAUM

- **Bäume mit nackten Wurzeln bieten das beste Preis-Leistungs-Verhältnis**
- **Gut gepflanzt ersparen Bäume viel Arbeit**

Bäume sind ein wichtiges Gartenelement. Sie haben eine starke Präsenz im Garten, bieten Schatten, Schutz und Sichtschutz und sind auch als allein stehende Exemplare wunderschön. Wurzelnackte Bäume werden im Herbst angeboten und weisen im Vergleich zu Kübelpflanzen ein sehr gutes Preis-Leistungs-Verhältnis auf, besonders wenn man mehrere pflanzen möchte. Die bloßen Wurzeln mögen nicht allzu viel versprechend aussehen, aber sie wachsen erstaunlich schnell an, solange sie sorgfältig gepflanzt und in ihrem ersten Frühling und Sommer bei Trockenheit gut gewässert werden. Sehr junge Bäume bieten das beste Preis-Leistungs-Verhältnis. Sie sind zwar klein, wachsen aber schneller als ältere Bäume. Nur laubwechselnde werden ohne Wurzelballen angeboten.

1 Baumwurzeln in einen großen Eimer mit Wasser stellen und in der Zwischenzeit das Pflanzloch vorbereiten. Die ausgehobene Erde mit organischem Dünger mischen.

2 Stützpfahl in das Loch stecken, so dass er 60 cm über den Boden ragt. Einen Teil der Erdmischung im Loch aufhäufen. Baum einsetzen und die Wurzeln auseinander ziehen.

3 Die Erdmischung in das Loch füllen und dabei vorsichtig um die Wurzeln verteilen und wiederholt fest andrücken. Dadurch erhalten die Wurzeln Stabilität und Lufttaschen werden verhindert.

4 Baum am oberen Ende des Pfahls mit einem verstellbaren, gepolsterten Baumband befestigen. Rindenmulch oder anderen groben Mulch um den Baum verteilen und gut wässern.

TIPPS

❀ Wenn Sie einen Baum auf einer Rasenfläche pflanzen, lassen Sie immer einen großen Kreis blosser Erde (mindestens 1 m) um den Stamm, um Düngen und Mulchen zu ermöglichen und damit die Wurzeln genügend Nährstoffe und Wasser erhalten – Gras kann die Wurzeln ersticken.

❀ Niedrige Pfähle ermöglichen es den Baumkronen, sich frei im Wind zu bewegen. Diese leichten Bewegungen fördern die Entwicklung eines besseren, weiter ausgebreiteten Wurzelsystems.

❀ Bäume mit nackten Wurzeln können bis zu einer Woche in ihrer Verpackung gelassen werden. Wenn sie erst später endgültig gepflanzt werden sollen, pflanzen Sie sie vorübergehend in ungenutztem Boden an einen geschützten Ort und halten Sie die Erde feucht.

❀ Benutzen Sie evtl. einen Stammschoner, um junge Bäume vor Kaninchen und anderen wilden Tieren zu schützen.

❀ Wenn Sie lieber einen Baum im Topf kaufen, pflanzen Sie ihn wie einen Strauch (*siehe S. 83*).

▲ *Ein kräftiger, gut gepflanzter junger Apfelbaum.*

EINE WURZELNACKTE ROSE PFLANZEN

!!! 15–20 MINUTEN PRO PFLANZE

- **Wurzelnackte Rosen sind in Garten- und Heimwerkergeschäften erhältlich**
- **Der Versandhandel bietet eine gute Auswahl an wurzelnackten Rosen, auch seltenere Sorten**

Gartenfachgeschäfte präsentieren im Herbst eine gute Auswahl an wurzelnackten Rosen zu günstigen Preisen. Versandgeschäfte bieten im Herbst ebenfalls wurzelnackte Rosen an, haben aber eine viel bessere Auswahl, auch an seltenen Sorten. Beim Pflanzen ist es wichtig, dass die Pfropfstelle unter der Erde liegt, sonst treibt die Rose einen ganzen Wald an Wurzelschösslingen aus (*siehe S. 68*).

TIPPS

❀ Bestellen Sie Rosen im Versandhandel rechtzeitig. Die Nachfrage kann größer sein als das Angebot, besonders bei selteneren Sorten.

❀ Wenn möglich, untersuchen Sie wurzelnackte Rosen vor dem Kauf gründlich. Sie sollten wenigstens drei oder vier stämmige, gesund aussehende Triebe ohne Anzeichen von Krankheiten oder Austrocknung und ein gleichmäßig ausgebildetes Wurzelsystem haben.

❀ Sparen Sie sich Ärger, indem Sie Rosen nicht in Böden pflanzen, in denen zuvor schon Rosen wuchsen. Sie leiden dort an Bodenmüdigkeit – wissenschaftlich bisher nicht erforscht, aber eine Tatsache – und werden zu verkümmerten, kleinen Exemplaren. Wenn Sie unbedingt Rosen in alte Rosenbeete pflanzen wollen, müssen Sie Erdreich in einem 60 x 60 cm großen Quader ausheben und durch lehmige Blumenerde, Mutterboden oder frische Erde ersetzen.

1 Wurzeln für etwa eine Stunde in einen großen Eimer mit Wasser stellen; in der Zwischenzeit das Pflanzloch ausheben. Die ausgehobene Erde mit gutem organischem Dünger mischen.

2 Die Rose aus dem Wasser nehmen und zu dünne oder beschädigte Zweige abschneiden. Die längsten Wurzeln um etwa ein Drittel kürzen, um ein kräftiges, gut verzweigtes Wurzelsystem zu fördern.

3 Rose in das Pflanzloch setzen und die Wurzeln ausbreiten. Mit einem Stab prüfen, dass sich die knotige Pfropfstelle oberhalb der Wurzeln 2,5 cm unter der Erdoberfläche befindet.

4 Die Erdmischung in das Loch füllen und dabei vorsichtig um die Wurzeln verteilen; wiederholt fest andrücken, um Lufttaschen zu vermeiden. Mulch um die Rose verteilen und gut angießen.

▶ *Eine der ältesten gallischen Rosen, die pink gestreifte* Rosa gallica *»Versicolor« (syn. »Rosa Mundi«), hat viel Charme.*

HERBSTPUTZ

!!! 1 STUNDE PRO KLEINGARTEN

• Gut gewachsene Stauden bis zum Frühling ungeschnitten zu lassen kann den Garten im Winter interessanter machen

Im Spätherbst kann der Garten erschöpft und ungepflegt aussehen, aber schnelles Aufräumen bringt ihn bald wieder in Schuss, so dass er über den Winter ordentlich und gut gepflegt aussieht. Der Beschnitt abgeblühten Zuwuchses bei krautigen Stauden verbessert das Aussehen des Gartens sofort. Und Rosenblätter und Blätter von niedrigen, kissenförmigen immergrünen Pflanzen zu entfernen trägt dazu bei, die Pflanzen gesund zu erhalten. Kehren Sie Gartenwege und Terrassen. Der Garten mag zwar im Winter nicht aufregend wirken, aber er kann mit einem stillen Charme auch gefallen.

TIPPS

❀ Benutzen Sie immer eine Gartenschere, um abgestorbene Stängel abzuschneiden, statt sie abzurupfen. Ansonsten können ganze Teile von Kissen bildenden Pflanzen ausgerissen werden.

❀ Lassen Sie Zuwuchs an Stauden stehen, der im Winter dekorativ aussieht. Gräser, Mauerpfeffer (*Sedum spectabile*) und Stranddistel (*Eryngium maritinum*) sind nur einige der vielen Stauden, die ihre Struktur und Form behalten und dem Garten im Winter einen interessanten Touch verleihen.

❀ Auf gepflastertem Boden entfernen Sie Unkraut oder behandeln Sie es lokal (*siehe S. 25*). Wenn der Boden seit der Zwischensäuberung der Beete (*siehe S. 82*) festgetreten wurde, harken Sie ihn leicht über.

Verwelkten oder abgestorbenen Zuwuchs bei robusten Stauden entfernen. Der Abfall eignet sich gut für den Komposthaufen. Vollständig abgestorbene Pflanzen auf 5–8 cm Höhe zurückschneiden.

Blätter auf Beeten können zum Verwittern liegen gelassen werden. Die Ausnahme ist Rosenlaub. Wenn die Pflanzen an Rosenrost oder Schwarzfleckigkeit leiden, können liegen gelassene Blätter die Pflanze erneut infizieren.

Auch Laub entfernen, das auf am Boden wachsenden immergrünen Pflanzen wie Thymian oder Nelken (*Dianthus*) liegt. Wenn es bei feucht-kaltem Wetter auf der Pflanze bleibt, wird Feuchtigkeit gestaut, was zu Pilzbefall führt.

Pflanzenabfälle und Erde auf gepflasterten Wegen und Innenhöfen zusammenkehren und dabei auch Blumenkübel anheben, um darunter zu fegen. So wird Abfall entfernt, in dem sich oftmals Ungeziefer versteckt.

Mit ein wenig Zeitaufwand im Herbst kann der Garten wunderschön aussehen.

VÖGEL UND ANDERE KLEINTIERE IM GARTEN

!! 15–20 MINUTEN PRO AKTION

• Vögel, die regelmäßig gefüttert werden, betrachten den Garten als Revier und fressen Insekten
• Sträucher und Bäume, die Beeren tragen, sehen attraktiv aus und dienen im Winter als Futterquelle
• Frösche helfen, die Schneckenpopulation einzudämmen

Sich um die Kleintiere im Garten zu kümmern ist unter mehreren Aspekten lohnend, und besonders Vögel sind nützliche Gäste. Es macht Spaß, sie zu beobachten, wie sie streiten und den Futterplatz bevölkern. Wenn das Futterhäuschen leer ist, sind sie in der Nähe und picken große Mengen Ungeziefer wie Blattläuse und Raupen. Wenn Sie gemischtes Futter mit Nüssen, Samen und Küchenabfällen anbieten, sprechen Sie damit die verschiedensten Arten an. Frösche können Schnecken in Zaum halten.

TIPPS

❀ Erdnüsse sollten im Frühling und Sommer nicht gefüttert werden, wenn die Vögel Nachwuchs aufziehen. Die Jungvögel können daran ersticken.

❀ Um Vögel vor Katzen zu schützen, stellen Sie das Futterhäuschen an eine offene Stelle fernab von überhängenden Bäumen.

❀ Hängen Sie Brutkästen in den Schatten, nicht in den Wind und weit entfernt von Laub- oder Holzfeuern.

❀ Viele Tiere, von Fröschen bis Feldmäusen, tummeln sich gern im Komposthaufen. Seien Sie also vorsichtig beim Wenden.

Durch ein Futtertablett, in dem verschiedene Futtersorten angeboten werden, kommt eine Auswahl diverser Vogelarten in den Garten. Ein Vogelhäuschen mit Dach hält das Futter trocken.

Zusätzlich zum Futterhäuschen mit Nüssen und Samen gefüllte Futterbehälter aufhängen. Hängende Behälter sind nützlich, falls es Katzen im Garten gibt.

Hängen Sie Brutkästen im Garten auf – sie sind sehr effektiv, wenn es darum geht, die vorhandenen Vogelpopulationen zu vergrößern. Im Winter werden sie als Schutzhäuschen benutzt.

Viele beerentragende Bäume und Sträucher (hier Feuerdorn) pflanzen, um Vögel im Herbst und Winter in den Garten einzuladen. Auch Berberitze, Zwergmispel und Eberesche tragen Beeren.

▶ *Blau- und Kohlmeisen mögen Erdnüsse besonders gern, während Stare alles fressen, was ihnen angeboten wird.*

ÄNDERUNGEN PLANEN

!! MAX. 1 STUNDE PRO PROJEKT

- **Änderungen auf Gartenfotos zu skizzieren ist eine einfache und effektive Methode**
- **Die einfachsten Veränderungen können große Wirkung zeigen**

Der Spätherbst, wenn der Garten relativ leer ist, ist die beste Zeit, die Gartenstruktur zu bewerten und Änderungen zu planen. Einen maßstabsgetreuen Plan des Gartens anzufertigen, kann akribische Detailarbeit bedeuten und die Sicht aus der Vogelperspektive kann täuschen. Fotos zu machen und die Änderungen in einem »virtuellen« Garten durchzuführen ist sehr viel einfacher und effektiver. Die Änderungen können minimal sein – z. B. einen Baum pflanzen oder ein Spalier errichten – und wenig Arbeitsaufwand erfordern, es ist jedoch erstaunlich, welche Wirkung sie auf den Gesamteindruck und die Atmosphäre des Gartens haben können.

TIPPS

❀ Wenn ein Baum als Sichtschutz benutzt werden soll, ist seine Positionierung wichtig. Um abzuschätzen, welche Stelle besonders effektiv ist, bitten Sie einen Freund, eine lange Stange im Garten herumzutragen, bis die optimale Pflanzstelle feststeht.

❀ Ein langer Weg in der Mitte kann einen schon schmalen Garten noch schmaler aussehen lassen (Tunneleffekt).

❀ Um im Winter noch mehr Freude am Garten zu haben, denken Sie beim Planen und Anlegen des Gartens an viele immergrüne Pflanzen.

1 Um Änderungen zu visualisieren, Fotos des Gartens aus verschiedenen Blickwinkeln machen, auch aus Fenstern von Stockwerken im Haus, und auf DIN A5 oder DIN A4 vergrößern lassen.

2 Transparente Acetatfolien über die Vergrößerungen legen und die Änderungen mit einem abwischbaren Stift grob skizzieren. Hier ein Spalier zum Sichtschutz und veränderte Rasenumrisse.

3 Wenn die Änderungen feststehen, können die meisten durch Hilfsmittel im Garten visualisiert werden. Die neue Rasenform zum Beispiel kann mit einem Gartenschlauch nachempfunden werden.

Das Spalier, das den Schuppen verdecken soll, kann als Attrappe mit Stangen und Bindfaden aufgebaut werden, und ein hoher Pfahl oder ein Rohr kann den neuen Baum darstellen.

Durch die fließenden Kurven wirkt dieser schmale Garten optisch weiter und ansprechender.

HERBSTLAUB

!!! 10 MIN. PRO ARBEITSGANG

• Regelmäßiges Aufsammeln von Herbstlaub lässt den ganzen Garten sauber und ordentlich aussehen
• Blätter vom Rasen zu harken vermeidet Ausdünnung und Krankheiten des Rasens
• Blätter sind eine der besten Komposterden

Obwohl Herbstlaub wunderschön aussehen kann, wenn es verweht auf dem Rasen und in Beeten liegt, kann es für Gras sehr schädlich sein. Es lässt kein Sonnenlicht durch und verursacht so ein Absterben des Grases, fördert Rasenkrankheiten und lockt Würmer an die Oberfläche. Blätter sind jedoch unersetzlich als Grundlage für den besten aller Bodendünger – Blattkompost. Er ist nährstoffreich und durch seine Zusammensetzung hält er die Feuchtigkeit und verbessert den Wasserabfluss, was ihn ideal für alle Bodenarten macht. Blätter zu sammeln und zu kompostieren ist nicht aufwändig und es gibt nichts besseres für gesunde und kräftige Pflanzen als Blattkompost.

TIPPS

Mit einem Rasenmäher mit hoch gestellten Messern über den Rasen zu fahren ist ebenfalls eine schnelle Methode, Laub aufzusammeln. Die Blätter werden angesaugt, klein gehäckselt und im Fangkorb gesammelt.

Blätter verwittern langsam. Bis zur vollständigen Kompostierung können zwei Jahre vergehen. Gartenfachgeschäfte bieten heutzutage biologischen Kompoststarter speziell für Blätter an, der den Prozess beschleunigt und Kompost in der Hälfte der Zeit produziert.

Um Blätter von kleinen Rasenflächen zu entfernen, ist ein Fächerbesen aus Metall oder Kunststoff am besten geeignet. Laub auf eine Kunststoffplane harken, es lässt sich so besser wegwerfen.

Größere Flächen lassen sich am besten mit einem Laubsauger laubfrei halten. Die schnellste Methode ist, die Blätter zuerst auf einen Haufen zu blasen und diesen dann auf ein Mal einzusaugen.

Große Mengen an Blättern am besten in einem einfachen Drahtkorb aus Maschendraht mit vier dicken Pfosten verwittern lassen. Kleine Mengen können auch auf den Kompost gegeben werden.

Andere Methode: Herabgefallenes Laub in Müllsäcken oder alten Erdsäcken sammeln. Oben zubinden, einige Löcher in den Sack stechen und in eine Ecke des Gartens stellen.

Nutzen Sie herabgefallenes Laub, indem Sie es aufsammeln und kompostieren.

BODEN NEU BESTELLEN

30 MIN. PRO ARBEITSGANG

• Obwohl zeitaufwändig, spart eine sorgfältige Vorbereitung des Bodens langfristig Zeit und Ärger. Umgraben verbessert die Bodenqualität sofort, genauso wie das Untergraben von organischem Dünger
• Guter Boden unterstützt gesunde Pflanzen und Früchte

Die sorgfältige Vorbereitung von neu zu bestellendem Boden – ob für Küchenpflanzen oder für ein neues Blumenbeet – ist harte Arbeit, aber langfristig erspart es Zeit und Ärger. Simples Umgraben tut Wunder, es lockert die Erde auf und lässt Luft und Regenwasser in den Boden. Das Untergraben von organischem Dünger verbessert die allgemeine Bodenqualität, unterstützt den Wasserabfluss bei schweren Böden und hält die Feuchtigkeit bei leichteren. Es zieht Regenwürmer an, die zu einem gesunden Boden beitragen – ihre Gänge unterstützen die Lüftung des Bodens. Pflanzen gedeihen prächtig auf gut vorbereiteten, fruchtbaren Böden und sind weniger anfällig für Ungeziefer und Krankheiten, so dass sie nur ein Minimum an Pflege benötigen.

1 An einem Ende des zu bearbeitenden Bodenstücks einen ca. 30 cm breiten Graben ausheben. Spaten mit gesamter Blatttiefe in den Boden stechen. Die ausgegrabene Erde auf eine Schubkarre laden.

2 Boden des Grabens mit 5–8 cm organischem Dünger wie gut verrottetem Stalldung oder hausgemachtem Kompost bedecken und leicht umgraben. Dadurch wird die Bodenqualität verbessert.

3 Zweiten Graben ausheben, dabei die entnommene Erde in den ersten Graben füllen. Wie zuvor auch, den Boden des Grabens mit organischem Dünger bedecken.

4 Fortfahren, bis das Ende des zu bearbeitenden Bodenstückes erreicht ist. Letzten Graben mit der Erde aus der Schubkarre füllen. Sofort bepflanzen bis zum Frühlingsbeginn der Witterung aussetzen.

TIPPS

❀ Um das Graben zu erleichtern, warten Sie, bis der Boden feucht, aber nicht nass ist. Teilen Sie sich die Arbeit ein, so dass sie nicht zu mühselig wird, und legen Sie Pausenm ein.

❀ Bei schweren Lehmböden setzen Sie den grob umgegrabenen Boden der Witterung während des Winters aus. Frost bricht den Lehm auf, so dass es leichter wird, ihn weiter umzugraben.

▸ Ein neu umgegrabener und vorbereiteter Boden ist ein befriedigender Anblick – wie ein Versprechen für schöne Blumen oder eine gute Ernte.

SCHUTZ VOR SCHNEE UND FROST

!!! 5–20 MIN. PRO ARBEITSGANG

- **Ein paar einfache Maßnahmen schützen alle Pflanzen vor Frost**
- **Zweigbruch vorbeugen, indem Schnee von einigen immergrünen Pflanzen entfernt wird**

Im Spätherbst kann es schon empfindlcih kalt werden, deshalb ist es ein guter Zeitpunkt, sich über den Schutz vor Bodenfrost und eisigen Winden Gedanken zu machen. Es gibt viele Pflanzen, die strengen Frost vertragen, aber wichtig ist, die Pflanzen zu schützen, die nur halb winterhart sind. Einige von ihnen wie Lorbeer (*Laurus*) sind außerdem sehr teuer. Schnee bedeutet nur für dicht wachsende Immergrüne eine Gefahr, weil sie unter der schweren Schneelast brechen können. Für die anderen Pflanzen ist eine Schneedecke sogar eine gute Isolierschicht gegen den schlimmsten Frost.

TIPPS

❀ Denken Sie immer an die Kälteempfindlichkeit einer Pflanze, bevor Sie sich für einen Pflanzplatz entscheiden. Wenn sie etwas kälteempfindlich ist, platzieren Sie sie an geschützter Stelle, z. B. an einer Hauswand.

❀ Wenn Sie sehr empfindliche Pflanzen im Garten haben, können sie wie Kübelpflanzen mit Stroh und Säcken geschützt werden (*siehe S. 112*).

❀ Teichheizungen sind billig im Unterhalt. Ihnen ist gegenüber dem fragwürdigen Rat, einen Topf mit kochendem Wasser auf das Eis zu stellen, auf jeden Fall der Vorzug zu geben.

❀ Einen vereisten Rasen nicht betreten. Wenn gefrorenes Gras geknickt wird, stirbt es ab.

Wenn strenger Frost vorausgesagt ist, die Kronen der weniger robusten Pflanzen wie Bartfaden mit einer Haube schützen. Doppelwandige Polycarbonathauben isolieren ausgezeichnet.

Empfindliche Immergrüne wie Rosmarin und Lorbeer können bei strengem Frost eingehen. Diese Pflanzen mit einer doppelten Schicht Gartenvlies oder feinmaschigem Netz schützen.

Schweren Schnee von dichtbelaubten immergrünen Pflanzen herunterklopfen. Wenn der Schnee liegen bleibt, kann sein Gewicht die Zweige brechen. Koniferen sind besonders empfindlich.

Wenn der Fischteich zuzufrieren beginnt, mit einer Teichheizung für ein Loch im Eis sorgen. Wenn der Teich ganz zufriert, können die Fische an Sauerstoffmangel eingehen.

▶ *Selbst in geschützten Lagen muss der etwas empfindliche* Abutilon *»Kentish Belle« vor strengem Frost geschützt werden.*

STAUDEN TEILEN

!! 15 MINUTEN PRO GRUPPE

• Pflanzen zu teilen ist eine einfache Art, den Vorrat an Lieblingssorten aufzustocken

• Ältere Gruppen, die ausgetrocknet sind, werden neu belebt

Viele mehrjährige Pflanzen bilden Gruppen und sind durch Teilung einfach zu vermehren. Um zu beurteilen, ob eine Pflanze geteilt werden kann, untersuchen Sie die Krone (der Punkt, an dem der Zuwuchs erscheint). Wenn sie mehrere Sprossen hat, wo ursprünglich nur einer war, kann sie geteilt werden. Einige der beliebtesten Pflanzen können durch Teilung vermehrt werden, etwa Fackellilien (*Kniphofia*), Glockenblumen, Garben, Pfingstrosen, Funkien und robuste Geranien. ■ Das Teilen von Pflanzen kann auch bei mildem Wetter im Winter und zu Beginn des Frühjahrs durchgeführt werden.

TIPPS

❀ Garteniris auf dieselbe Art wie Wasserlilien (*siehe S. 50*) teilen. Pflanzen Sie die Wurzelstöcke so, dass sie nur halb im Boden vergraben sind.

❀ Wenn eine Pflanze außergewöhnlich feste oder verholzte Wurzeln hat, teilen Sie sie mit einem Messer, einem scharfem Spaten oder sogar einer Säge. Solange jeder Teil eine ausreichende Menge an gesunden Trieben und Wurzeln hat, sollte er gut wachsen.

❀ Manche Stauden wie Funkien sind schwer zu teilen, während sie ruhen, weil sie so weit absterben, dass die Wachstumspunkte schwer zu erkennen sind. Am besten warten Sie bei diesen Pflanzen bis zum Frühling kann.

1 Mit einer Gabel um und unter die zu teilende Pflanze graben und sie mit möglichst viel Wurzelwerk herausheben. Wenn der Boden trocken ist, die Pflanze Stunden vor dem Herausheben gießen.

2 Kleine Pflanzen können leicht mit den Händen geteilt werden. Pflanze teilen und unproduktiven Wuchs wegwerfen. Jedes Teilstück sollte gesunde junge Sprossen und genug Wurzelwerk haben.

Die Teile in hochwertigen, gut vorbereiteten Boden pflanzen. In dieselbe Tiefe einsetzen, in der sie ursprünglich waren. Wurzeln ausbreiten; Boden um den Wurzelballen andrücken. Gut angießen.

Wenn die Wurzeln eng verfilzt sind und die Pflanze nicht von Hand teilbar ist, Pflanze nach und nach mit zwei gegeneinander gehaltenen Gabeln teilen. Wurzeln vorsichtig auseinander hebeln.

▸ *Dicht gedrängten Fackellilien (hier »Little Maid«) tut eine Teilung sehr gut.*

VERHOLZTE STECKLINGE SCHNEIDEN

! 15 MINUTEN PRO 10 STECKLINGE

• Einfache Methode, eine große Zahl an Pflanzen zu ziehen
• Einmal in der Erde, treiben Stecklinge von allein aus
• Ideal für Rosen, da keine Mühe für das Entfernen von Schösslingen aufgebracht werden muss

Es ist recht einfach, verholzte Stecklinge zu schneiden. Man kann auf diese Weise eine große Anzahl verschiedener Bäume, Sträucher und Kletterpflanzen ziehen. Sobald die Stecklinge in einer frisch präparierten Pflanzfurche stecken, benötigen sie keine weitere Pflege mehr. Diese Methode ist sehr gut geeignet, den Vorrat an Lieblingsrosen aufzustocken, da weitere Triebe auf den eigenen Wurzeln basieren und nicht auf kräftigen Wurzelstöcken anderer Rosen aufgepfropft sind. Es lohnt sich, die Methode mit holzigen Pflanzen auszuprobieren, und mehr als ein paar Minuten Zeit brauchen Sie dafür nicht zu opfern.

TIPPS

❀ Schnell wachsende Stecklinge erhalten Sie, wenn Sie ausgereifte (verholzte) Zweige des diesjährigen Holzwachstums wählen. Die Schösslinge müssen gesund sein und dürfen keine Anzeichen von Beschädigung aufweisen.

❀ Für verholzte Stecklinge ist ein Bewurzelungshormon nicht nötig. Da es aber nicht schadet, können Sie es als zusätzliche Unterstützung benutzen.

❀ Bei Stecklingen von immergrünen Pflanzen wie Buchsbaum (*Buxus*) und Liguster (*Ligustrum*) entfernen Sie alle Blätter, die in der Erde stecken würden.

1 Furche im Boden vorbereiten. Spaten ca. 15 cm tief in die Erde stechen und vor und zurück bewegen, um eine V-förmige Furche zu erhalten. Bei Lehmboden etwas grobkörnigen Sand in den Boden der Furche füllen, um Fäulnis vorzubeugen.

2 Für Stecklinge einen bleistiftdicken, geraden Zweig aussuchen. Oben einen schrägen Schnitt direkt über einem Auge ansetzen, unten einen geraden Schnitt direkt unter einem Auge führen; die Stecklingslänge soll 15–20 cm betragen.

3 Stecklinge im Abstand von 10–15 cm so in die Furche stecken, dass nur ca. 2,5 cm des Zweigs aus der Erde ragen. Um einstämmige Bäume zu ziehen, die Stecklinge tiefer in die Erde setzen, so dass sie gerade bedeckt sind.

4 Erde rund um die Stecklinge gut andrücken und beschriften. Mehrere Reihen von Stecklingen 30 cm auseinander setzen. Im Sommer können sie mit neuen Wurzeln herausgehoben und an anderer Stelle wieder eingepflanzt werden.

▶ *Hartriegelsträucher (*Cornus*) lassen sich leicht aus Hartriegelstecklingen ziehen.*

LILIEN EINTOPFEN

! 10 MINUTEN PRO TOPF

- **Eintopfen ist schnell und einfach**
- **Lilien sind optimale Pflanzen für Terrassen und viele duften stark**
- **Lilien im Topf zu ziehen schützt sie vor Schnecken**
- **Es gibt kürzere Sorten, die keine Stützen brauchen**

Lilien gehören zu den schönsten Blumen und sind einfach im Topf zu ziehen. Viele Sorten duften stark, deshalb eignen sich Lilien besonders gut für Terrassen, wo man ihren Duft auch in angrenzenden Räumen genießen kann. Um Lilien mehrere Jahre im Topf zu halten, die ausgewachsenen Pflanzen vierzehntägig mit einem Pottasche haltigen Dünger düngen. Verwelkte Blüten kappen, aber das Blattwerk stehen lassen, damit durch die Photosynthese Kraft in die Zwiebel gelangen kann. Stängel erst zurückschneiden, wenn sie anfangen abzusterben. Lilien können für zwei oder drei Jahre im selben Topf belassen werden, solange Sie die obersten paar Zentimeter Blumenerde im späten Winter auswechseln.

TIPPS

❀ Das Geheimnis des Lilieneintopfens besteht in einem gut drainierten Topf, wasserdurchlässiger Blumenerde und hochwertigen Zwiebeln – sie sollten rund und fest sein.

❀ Um Lilien nicht stützen zu müssen, entscheiden Sie sich für eine der vielen Zwerg- oder kleineren Liliensorten, die selten höher als 38 cm werden.

❀ Blattläuse auf Lilienknospen können Schaden anrichten und die Blüten zerstören; es sollte sofort etwas gegen sie unternommen werden (*siehe S. 124*).

1 Boden eines Terrakottatopfs (hier 25 cm) mit Tonscherben füllen, darauf eine 2,5 cm hohe Schicht Splitt für noch besseren Wasserablauf geben. Ein Terrakottatopf ist als stabile Basis besser geeignet als ein Plastiktopf.

2 Eine 5 cm (2 in) hohe Schicht lehmige Blumenerde in den Topf füllen und drei Blumenzwiebeln gleichmäßig darauf verteilen. Lehmige Komposterde verleiht dem Topf Stabilität und verbessert den Wasserabfluss eher als Torferde.

3 Mit Bumenerde bis 2,5 cm unter den Rand auffüllen; andrücken, beschriften und angießen, so dass die Erde feucht, aber nicht nass ist. An geschützter Stelle nach draußen stellen und nur gießen, wenn die Erde austrocknet.

4 Wenn im Frühling die Triebe sprießen, an einen sonnigen Platz stellen und vier Stäbe von der Länge der voraussichtlichen Höhe der Pflanze in den Topf stecken. Stängel regelmäßig festbinden, um sie vor Wind und Bruchgefahr zu schützen.

▶ *Lilien (hier* Lilium *»Star Gazer«) bringen Eleganz, Farbe und Duft auf Ihre Terrasse.*

FROSTSCHUTZ FÜR TOPFPFLANZEN

!!! MAX. 15 MIN. PRO PFLANZE

- **Einfache und preiswerte Frostschutzmaßnahmen lassen alle Topfpflanzen auch extreme Witterung gut überstehen**
- **Erspart Zeit und Mühe, geschädigte Pflanzen zu ersetzen**

In Töpfen oder Blumenkästen gezogene Pflanzen sind anfällig für Bodenfrost und kalte Luft. Immergrüne Pflanzen sind besonders anfällig: Wenn der Wurzelballen festfriert, können sie das Wasser nicht ersetzen, das sie über die Blätter abgeben. Glücklicherweise gibt es eine Reihe einfacher Maßnahmen, Pflanzen vor Frost zu schützen. Den Topf mit Isoliermaterial zu umwickeln hindert den Wurzelballen am Einfrieren. Und es gibt verschiedene Möglichkeiten, das Zuwuchs in Abhängigkeit von seiner Empfindlichkeit vor Frost zu schützen.

TIPPS

Obwohl es gut gemeint sein mag, gefrorene Töpfe zum Auftauen ins Haus zu holen, sollten Sie es nie tun. Ein schnelles Auftauen schädigt die Pflanzenzellen.

Stellen Sie Töpfe zusammen, um sie gegen Frost zu schützen, und stellen Sie kleinere Töpfe für zusätzlichen Schutz in Hauswandnähe auf.

Im Winter blühende Gänseblümchen bieten Farbenpracht im Blumentopf. Strengen Frost halten sie nicht aus, aber sobald die Temperaturen wieder steigen, erholen sie sich.

Kunststofffolie können Sie auch als Frostschutz einsetzen, aber sie kann Fäulnis verursachen, wenn sie zu lange auf den Pflanzen bleibt.

Um die Wurzeln von Topfpflanzen vor dem Einfrieren zu schützen, Topf in Luftpolsterfolie einwickeln und mit Klebeband befestigen. Die Luft in den Polstertaschen bietet bessere Isolierung als Material wie Säcke oder Zeitung.

Eine doppelte Schicht Gartenvlies schützt leicht empfindliche Topfpflanzen wie Lorbeer (*Laurus*). Das Vlies locker um die Pflanze drapieren und unten befestigen. Säcke und feinmaschiges Netz sind auch gut geeignet.

Empfindlichere Pflanzen, die sich auf Grund ihrer Größe nicht an einen Unterstellplatz bewegen lassen, benötigen mehr Schutz. Die Blätter möglichst zusammenbinden, mit Stroh ummanteln und mit Säcken umwickeln.

Um Schutz gegen Bodenfrost zu erreichen, Töpfe mit Terrakotta-»Füßen«, die in Gartenfachgeschäften erhältlich sind, leicht hoch stellen. Steine gleicher Größe sind auch möglich. Das Anheben des Topfs verbessert den Wasserabfluss.

▶ *Topfpflanzen reagieren empfindlich, wenn die Erde für längere Zeit durchfriert, und sie sind dankbar für zusätzlichen Schutz.*

HOCHBEETE FÜR GEMÜSE ANLEGEN

15 MINUTEN PRO QM

• Sobald das Hochbeet angelegt ist, entfällt weiteres Umgraben
• Danach braucht nur noch ein Mal jährlich mit gutem organischem Mulch gedüngt zu werden

Ein einmal angelegtes Hochbeet erfordert kein weiteres Umgraben. Die Breite von 1,2 m bedeutet, dass die gesamte Arbeit an dem Beet von den Wegen aus durchgeführt werden kann. Der Gärtner muss nur ein Mal jährlich organischen Dünger auf das Beet bringen. Das System hat weitere Vorteile. Der Boden ist lässt Wasser gut ablaufen und fördert starkes Wachstum. Optimale Wachstumsbedingungen ermöglichen es, die Pflanzen dicht zu setzen, so dass die Feuchtigkeit gut im Boden gehalten wird. Dichte Pflanzreihen können attraktiv aussehen, besonders, wenn Sie die Hochbeete in kleinen, gemischten Gruppen bebauen (*siehe S. 43*).

■ Hochbeete können jederzeit im Jahr angelegt werden. Der Spätherbst ist jedoch die ideale Zeit, da sich der Boden über den Winter setzen kann.

1 Ein Areal von 1,2 m Breite und der gewünschten Länge mit Pflöcken und Bindfaden abstecken. Wenn der Boden bisher brachliegt, erst alles Unkraut beseitigen (*siehe S. 129*) und ihn dann gründlich umgraben (*siehe S. 107*).

2 Für die Beeteinfassungen mit Holzschutz behandelte Planken verwenden. Diese an Eckpflöcken befestigen und ein oder zwei Pflöcke an den Längsseiten setzen. Rahmen in den Boden treiben, so dass die Planken auf dem Boden aufliegen.

3 Vom Weg aus Muttererde oder gute Gartenerde auf das Beet bringen und großzügig organischen Dünger wie gut verrotteten Stalldung hinzufügen. Leicht untergraben und die Oberfläche glatt harken.

4 Um Unkrautjäten auf den Wegen zu sparen, dicke durchlässige Folie auslegen und so zuschneiden, dass sie mit den Beeträndern abschließt. Mit einer Schicht grobem Rindenmulch bedecken, um sie vor Abnutzung und Sonne zu schützen.

TIPPS

❀ Für beste Ernte legen Sie die Hochbeete in offenen, sonnigen Lagen an.

❀ Bei Böden, die sehr schwer sind oder zu Staunässe neigen, mischen Sie beim ersten Umgraben viel Kies bei.

❀ Um Platz zu sparen, halten Sie die Wege schmal – sie müssen nur breit genug zum Gehen und Knien sein, so dass 38 cm ausreichen.

▸ *Ein Gemüsehochbeet ermöglicht dichte Bepflanzung und hohe Erträge.*

WINTER

WINTER

*Natürlich ist der Garten im Winter ein ruhiger Ort, aber gerade deshalb kann er sehr intensive Eindrücke vermitteln – gespenstisch aussehende schneebedeckte Zweige, golden blühender Winterjasmin (*Jasminum nudiflorum*) oder frisch umgegrabener Boden, der Gutes für das kommende Jahr verheißt. Für den Gärtner ist der Winter eine relativ entspannte Zeit. Die wichtigste Aufgabe zu Winterbeginn ist die Neupflanzung. Viele andere Aufgaben können irgendwann im Lauf des Winters angegangen werden. Und gegen Ende des Winters ist die beste Zeit, Glyzine und spät blühende Clematis zu schneiden.*

▲ *Gefrorener Raureif auf den Gräsern ist immer ein zauberhafter Anblick.*

LAUBWECHSELNDE KLETTERPFLANZEN IN FORM BRINGEN

!! 25 MINUTEN PRO PFLANZE

• Ausschneiden und Ausdünnen bringt Kletterpflanzen in Form

Winteranfang ist die beste Zeit, um laubwechselnde, nicht blühende Kletterpflanzen zu schneiden. Das eigentliche Schneiden ist ebenfalls einfacher, weil der Gärtner nicht mit einem Blätterwald kämpfen muss. Kräftigen selbst kletternden Kletterpflanzen wie Jungfernrebe (*Parthenocissus*) und Zierwein (*Vitis*) bekommt ein recht rigoroses Ausdünnen und Zurückschneiden alle paar Jahre gut, um Zweige zu entfernen, die über Türen, Fenster und Regenrinnen wuchern. Blühende Kletterpflanzen werden normalerweise in der Zeit geschnitten, in der sie neu austreiben, aber der Winter ist eine gute Gelegenheit, abgestorbene, zu dichte oder an falscher Stelle wachsende Stämme und zu dünne, unproduktive Triebe auszulichten. Starker Rückschnitt führt zu weniger Blüten im nächsten Jahr. ■ Nicht blühende immergrüne Kletterpflanzen werden am besten zu Beginn des Frühlings zurückgeschnitten.

1 Unerwünschte Zweige von Fenstern etc. entfernen. In der Nähe von Regenrinnen jegliches Wachstum entfernen. Selbst rankende Kletterpflanzen (hier Jungfernrebe) können einfach weit genug zur Seite gezogen werden.

2 Von der restlichen Pflanze zu dichtes Wachstum ausdünnen, so dass die Grundlage für eine gleichmäßige Beblätterung bleibt. Stämme bis zu einem Auge zurückschneiden, das in die richtige Richtung weist – z. B. ein nach oben zeigendes Auge unter einem freien Stück Wand.

TIPPS

❀ Zierweine (Formen von *Vitis*) sollten im frühen Winter zurückgeschnitten werden. Wenn sie im Frühjahr geschnitten werden, »bluten« sie stark, und der Saftfluss ist schwer aufzuhalten. Das kann die Pflanze stark schwächen.

❀ Beim Rückschnitt den Schnitt immer direkt über einem Auge ansetzen und stets weg vom Auge nach unten schneiden, so dass Regenwasser abläuft, statt sich über dem Auge zu sammeln, wo es schaden kann.

▲ *Die kraftvolle* Vitis vinifera *»Purpurea«.*

SPÄT BLÜHENDE CLEMATIS ZURÜCKSCHNEIDEN

!!! 15–20 MINUTEN FÜR 3 M PFLANZE

- **Zurückschneiden ist bei diesen Sorten ein Mal jährlich schnell und einfach erledigt**
- **Es gedeihen Pflanzen mit einer wahren Blütenpracht**

Der Rückschnitt spät blühender Clematis ist recht einfach und wirkungsvoll. Zur Gruppe der spät blühenden Clematis gehören die großblütigen Hybriden wie *Clematis* »Perle d'Azur« und *C.* »Ernest Markham«, die sich wegen ihrer Unverwüstlichkeit und ihrer Blütenpracht vom Frühsommer bis in den Herbst großer Beliebtheit erfreuen. Auch Clematisarten wie *C. viticella, C. tangutica, C. florida* und ihre Hybriden gehören dazu. All diese Sorten tragen Blüten an den neuen Trieben; wenn sie nicht zurückgeschnitten werden, bilden sie ihre Blüten nur auf den neuen Trieben hoch oben auf der Pflanze.

TIPPS

❀ Bei größeren Clematisarten kann der oberste Teil der Pflanze zu Beginn des Winters zurückgeschnitten werden, falls es unordentlich aussieht.

❀ Düngen und mulchen Sie Clematis zu Beginn des Frühjahrs (*siehe Seite 17*), damit sie kräftig wächst. Kontrollieren Sie sie im Frühling regelmäßig und binden Sie neue Triebe an.

▲ *Die lang blühende* Clematis *»Niobe«.*

1 Gegen Ende des Winters die Clematis mit einer Astschere im oberen Teil vollständig abschneiden, evtl. Befestigungen entfernen; Pflanze von der Stütze lösen.

2 Die verbleibenden Stämme auf ca. 30 cm Höhe stutzen; dabei jeweils direkt über dem niedrigsten Augenpaar schneiden.

GLYZINEN ANBINDEN UND ZURÜCKSCHNEIDEN (2)

!!! 15–20 MIN. PRO 3 M PFLANZE

- **Anbinden und Rückschnitt im Winter ist schnell und einfach**

Der zweite Schritt beim Rückschnitt von Glyzinen (*siehe Seite 74 für den ersten Schritt*) wird im Spätwinter durchgeführt und geht schnell an der blattlosen Pflanze.

TIPPS

❀ Sobald die Pflanze die gewünschte Größe erreicht hat, besteht die Arbeit im Winter nur noch darin, die Seitentriebe zu stutzen.

❀ Zu Frühlingsbeginn gut düngen und mulchen (*siehe Seite 17*).

Mit einer Gartenschere den Hauptstamm zurückschneiden, sobald er die gewünschte Höhe erreicht hat, und neue Triebe in Bodennähe ausschneiden. Die neuen Triebe an horizontalen Ästen um etwa ein Drittel zurückschneiden.

Seitentriebe, die bereits im Spätsommer zurückgeschnitten wurden (*siehe Seite 74*), weiter kürzen – auf drei oder vier Augen Länge. Dazu einen schrägen Schnitt direkt über einem Auge führen. Diese Seitentriebe tragen die Blüten.

EINE HECKE PFLANZEN

!!! 30 MINUTEN FÜR 6 PFLANZEN

• Gründliche Vorbereitung und Pflanzung garantieren eine gleichmäßige, kräftig wachsende Hecke
• Zeit und Mühe, um kränkliche Pflanzen zu pflegen oder Lücken zu schließen, werden gespart

Eine Hecke – ob als Gartengrenze oder als Sichtschutz – ist ein wichtiger Bestandteil des Gartens. Eine schlecht gepflanzte Hecke kämpft ums Überleben, evtl. sterben sogar einige Pflanzen ab und hinterlassen unansehnliche Lücken. Eine gründliche Vorbereitung des Bodens ist wichtig, da die Pflanzen eng gesetzt werden und bestmögliche Bedingungen brauchen, um kräftig zu wachsen. Die Entfernung der einzelnen Pflanzen voneinander kann je nach Art zwischen 30 cm und 60 cm oder mehr variieren, studieren Sie also beim Kauf das Etikett an der Pflanze. Halten Sie nach dem Pflanzen den Boden unkrautfrei.

■ Eine Hecke aus Topfpflanzen kann das ganze Jahr gepflanzt werden. Der Herbst ist ideal, da dann das häufige Wässern entfällt.

TIPPS

❀ Wurzelnackte, laubwechselnde Heckenpflanzen, die im Herbst erhältlich sind, stellen die preiswerteste Variante dar, wenn Sie eine größere Anzahl an Pflanzen benötigen.

❀ Wählen Sie ihre Heckenpflanzen anhand der Zeit, die Sie mit Heckenschneiden verbringen wollen. Buche (*Fagus*) etwa braucht nur ein Mal pro Jahr getrimmt zu werden, während Liguster (*Ligustrum*) zwei bis drei Mal jährlich geschnitten werden sollte.

1 Einen breiten Streifen Boden umgraben, wo die Hecke gepflanzt werden soll. Mindestens eine Spatentiefe tief gehen und organischen Dünger untergraben. Glätten, einen ausgewogenen Dünger aufbringen und leicht einharken.

2 Die Pflanzen (hier Liguster) gut wässern. Die Heckenkante mit Pflöcken und Leine markieren. Pflanzlöcher einzeln ausheben, jede Pflanze aus dem Topf nehmen und vorsichtig die Wurzeln freizupfen, die um den Wurzelballen herum wachsen.

3 Pflanzen einsetzen, dabei die gelockerten Wurzeln ausbreiten. Das Loch um den Wurzelballen mit Erde auffüllen und dabei Lufttaschen vermeiden. Fest andrücken.

4 Wenn alle Pflanzen in der Erde sind, gut angießen. Um die Feuchtigkeit zu halten, mit Rindenmulch bedecken, aber darauf achten, dass der Mulch die Stämme nicht direkt berührt. Im ersten Frühling und Sommer bei Trockenheit gut wässern.

▶ *Eine ordentlich gepflanzte, gut geschnittene Hecke sorgt für Schutz und ist gleichzeitig der perfekte Hintergrund für herrliche Sommerblumen.*

NEUE HECKEN IN FORM BRINGEN

!!! | 10 MINUTEN PRO PFLANZE

- **Formgebender Schnitt ist schnell, einfach und wichtig für eine schöne Hecke**
- **Es fördert buschigen Wuchs**

Es braucht zwar etwas Zeit, neu gepflanzte Hecken in Form zu bringen, fördert aber einen buschigen Wuchs mit einer gleichmäßigen Beblätterung. Einige Heckenpflanzen wie Liguster (*Ligustrum*) und Weißdorn (*Crataegus*) schießen in die Höhe, wenn sie in den ersten beiden Wintern nicht zurückgeschnitten werden; sie werden zu kopflastigen Pflanzen mit lückenhafter Beblätterung im unteren Teil. Andere wie Buche (*Fagus*) und Weißbuche (*Carpinus*) sind von Natur aus buschiger und benötigen weniger formgebenden Schnitt. Heckenkoniferen brauchen nicht zurückgeschnitten werden, Sie müssen sie nur oben stutzen. Einzige Ausnahme ist die Eibe (*Taxus*), bei der Anbinden wichtig ist. Schneiden Sie Seitentriebe im ersten Winter auf halbe Länge zurück. Danach müssen Sie nur noch die Seiten in Form schneiden und die Oberkante stutzen.

■ Für regelmäßiges Schneiden von reifen Hecken, *siehe Seite 32*.

1 Nach dem Pflanzen die Hecke bei kräftigen Pflanzen (hier Liguster) um die Hälfte reduzieren. Kompaktere Sträucher wie Buche und Weißbuche um etwa ein Drittel reduzieren. Koniferen mit Ausnahme von Eibe nicht zurückschneiden.

2 Am Ende des zweiten Winters bei in die Höhe wachsenden Pflanzen wie Liguster und Weißdorn die Höhe um die Hälfte reduzieren. Das mag drastisch erscheinen, ist aber notwendig für eine dichte Hecke.

3 Danach die Pflanzen im Sommer nach Bedarf schneiden und die Krone wachsen lassen. Sie wird im Winter zurückgeschnitten. Wenn die gewünschte Höhe erreicht ist, brauchen Hecken im Winter nicht mehr zurückgeschnitten werden.

Buche und Weißbuche brauchen im zweiten Winter nicht drastisch zurückgeschnitten zu werden. Einfach die Oberkante gerade schneiden und die Hauptseitenäste und Seitentriebe um ungefähr ein Drittel zurückschneiden.

TIPPS

❀ Um in kleineren Gärten Bodenplatz zu sparen, halten Sie die Hecken möglichst schmal. Nachdem eine Hecke anfänglich gut in Form gebracht wurde, besteht kein Grund, dass sie die Weite von 30–60 cm überschreitet.

❀ Um neue Hecken kräftig gedeihen zu lassen, düngen und mulchen Sie sie immer im Frühling (*siehe S. 17*), und halten Sie sie bei Trockenheit feucht.

▸ *Eine gut geschnittene Eibenhecke.*

HÄNGENDE ZIERBÄUME ZURÜCKSCHNEIDEN

!!! 10 MINUTEN PRO BAUM

• Ein umsichtiger Rückschnitt hängender Zierbäumen ist schnell und einfach

Hängende Zierbäume haben eine Grazie und Symmetrie, die sie am besten allein stehend entfalten. Sie sehen besonders gut als einzelner Baum in der Mitte des Rasens aus. Der »trauernde Kopf« steht auf einem geraden Stamm und kann eine Baumart wie die Salweide (*Salix caprea* »Kilmarnock«) oder eine Strauchart wie die hängende Zwergmispel (*Cotoneaster salicifolius* »Pendulus«) sein. Unerwünschte Triebe am Ende des Winters auszulichten, kostet kaum Zeit, man muss nur alle Zweige, die die Gleichmäßigkeit des Baumes stören, abschneiden. Manchmal treiben hängende Bäume vertikale Zweige, die ebenfalls entfernt werden sollten.

TIPPS

❀ Schneiden Sie alle Schößlinge aus, die auf dem Hauptstamm auftreten. Sie zählen zur gleichen Varietät wie der Wurzelstock und verdrängen, wenn man sie anwachsen läßt, die aufgepfropften Veredelungstriebe.

❀ Kleinere hängende Bäume eignen sich in einem großen Kübel gut als Einzelexemplare für die Terrasse.

▲ *Die Kätzchen der Salweide (*Salix caprea*).*

Mit einer Astschere alle abstehenden Zweige, die die Symmetrie des Baumes stören, so zurückschneiden, dass kein Stumpen zurückbleibt.

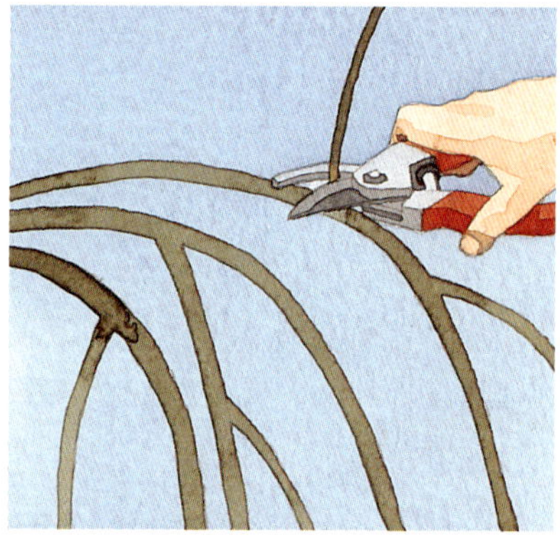

Alle vertikal wachsenden Zweige zurückschneiden. Wenn im Laufe des Jahres weitere schießen, sollten sie sofort entfernt werden.

EINEN AST VOM BAUM ENTFERNEN

!!! 5 MINUTEN PRO KLEINEM AST

Wenn ein Ast entfernt werden muss (weil er etwa verwachsen ist oder um die Form des Baumes zu verbessern), ist ein glatter Schnitt an der richtigen Stelle wichtig, damit die Infektionsgefahr minimal gehalten wird. Es gibt für größere »Wunden« auch Baumwachs im Handel.

TIPP

❀ Bei einigen Bäumen ist der Astring deutlicher zu sehen als bei anderen. Wenn er schlecht zu erkennen ist, setzen Sie den Schnitt kurz vor dem Stamm an.

1 Den Ast kürzen, um sein Gewicht und damit die Bruchgefahr zu reduzieren. Mit einer scharfen Astsäge den Ast etwa 2,5 cm tief von unten einschneiden. Den Schnitt genau hinter der leichten Wölbung des Astringes setzen.

2 Den zweiten Schnitt, genau hinter der leichten Wölbung des Astringes, von oben nach unten führen. Glatt nach unten durchsägen, bis sich die zwei Schnitte treffen. Es ist nicht nötig, Wundwachs auf die Schnittfläche aufzutragen.

GRUNDREINIGUNG UND GENERALÜBERHOLUNG

!!! 30 MIN. PRO ARBEITSGANG

- **Töpfe und Schalen auswaschen verhindert Ungeziefer und Krankheitserreger**
- **Werkzeuge reinigen und schärfen, das macht sie effektiver**

Der Winter ist ideal für eine Grundreinigung und Generalüberholung von Gartenwerkzeug, so dass sie im Frühling in einwandfreiem Zustand sind. Waschen Sie Töpfe und Schalen aus. Werkzeuge sind sehr viel einfacher zu handhaben, wenn sie sauber und geschärft sind, außerdem sehen sie dann auch besser aus. Und auch der Rasenmäher profitiert von einer schnellen und einfachen Reinigung (falls er nicht zur Wartung gegeben wird).

Töpfe und Schalen in einem Eimer mit heißem Kernseifenwasser und einer Bürste reinigen. Größere Töpfe und Wannen können an ihrem Standort ausgewaschen und dann mit einem Gartenschlauch abgespritzt werden, um den gelösten Schmutz abzuspülen.

Schmutz von Gartenwerkzeugen abwaschen; trocknen lassen. Um die Oberfläche zu glätten (und damit das Graben zu erleichtern), rostige Stellen mit einer Drahtbürste reinigen. Schließlich die Werkzeuge mit einem ölhaltigen Pflegemittel besprühen und mit Tuch polieren.

Mit einer Drahtbürste getrocknete Grasreste vom Rasenmäher entfernen. Mäher mit einem feuchten Tuch reinigen, und evtl. Rost von den Metallteilen bürsten und mit einem ölhaltigen Schmiermittel besprühen. Rasenmäher an einem trockenen Standort aufbewahren.

Schnittkanten von Hacken und Spaten schärfen, um ihre Schneidfähigkeit zu verbessern. In geschärftem Zustand sind sie effizienter zu handhaben. Zuerst wie oben beschrieben reinigen, dann einspannen und mit einer feinen Metallfeile die (schrägen) Schnittkanten schleifen.

TIPPS

- Mit Ornamenten besetzte Terrakottatöpfe zu reinigen ist eher sinnlos und entfernt die schöne Patina, die sie im Laufe der Jahre angesetzt haben.
- Handgriffe aus Holz lassen sich gut mit einer Schicht Leinöl aufpolieren.
- Werkzeuge aus rostfreiem Stahl brauchen weder gereinigt noch geschärft zu werden.
- Holzbottiche sollten ein Mal jährlich mit einem für Pflanzen ungiftigen Holzschutzmittel behandelt werden. Wenn der Bottich geleert wurde, ist das eine gute Gelegenheit, die Innenseite genauso zu behandeln wie die Außenseite, um die Haltbarkeit des Bottichs zu verlängern (die Innenseite vor der Behandlung säubern).
- Schubkarren aus Metall benötigen ebenfalls Pflege. Rostige Flächen mit einer harten Metallbürste abbürsten oder mit Schleifpapier abschmirgeln.

Eine Generalüberholung von Gartenwerkzeug und anderer Ausrüstung ist empfehlenswert.

GARTENMÖBEL PFLEGEN

!!! 10–45 MINUTEN

• Ein wenig Pflege ein Mal im Jahr lässt Gartenmöbel gut aussehen
• Teaköl frischt die Farbe von Hartholzmöbeln auf und verlängert das Leben von Weichholzmöbeln

Gartenmöbel können teuer sein, deshalb macht etwas Pflege jedes Jahr wirtschaftlich gesehen Sinn und erhält das gute Aussehen der Möbel. Hartholzmöbel halten sich unbegrenzte Zeit ohne besondere Pflege, aber manche Gärtner frischen gerne die Farbe mit Teaköl auf. Gartenmöbel aus Weichholz sind nicht so haltbar und die jährliche Pflege mit Teaköl verlängert ihre Lebensdauer. Rost auf Metallmöbeln kommt relativ selten vor. Sollte dennoch einmal Rost auftreten, kann er schnell und einfach entfernt und überstrichen werden.

TIPPS

- Stellen Sie Gartenmöbel aus Metallrohren unter, wenn sie nicht benutzt werden. Scharniernieten können rosten.
- Weichholz ist manchmal lackiert, um es vor Witterungseinflüssen zu schützen. Kontrollieren Sie den Lack auf Risse, reiben Sie betroffene Stellen ab und lackieren Sie sie mit widerstandsfähigem Bootsack über.
- Um verzierte Metallmöbel besser aussehen zu lassen, sprühen Sie sie mit Autolack in der gewählten Farbe über.
- Weichholzmöbel können auch mit Holzschutzlasur behandelt werden. Um die Füße der Möbel, die anfällig für Fäulnis sind, zu schützen, stellen Sie sie für 24 Stunden in mit Holzschutzlasur gefüllte Dosen.
- Beim Streichen von Gartenmöbeln aus Holz benutzen Sie stets eine Lasur, die die Möbel vor Fäulnis schützt.

Um Farbe von Hartholzmöbeln aufzufrischen und die Lebensdauer von Weichholzmöbeln zu verlängern, Teaköl benutzen. Mit einer Bürste Schmutz entfernen; mit Seifenwasser abwaschen. Nach dem Trocknen mit einem Tuch einölen.

Plastikmöbel mit einem in heißes Seifenwasser getauchten Tuch abreiben. Bei genoppten Oberflächen kann tiefer sitzender Schmutz mit einem nicht scheuernden Reinigungsmittel entfernt werden.

1 Um Rost von Metallgartenmöbeln zu entfernen, zuerst losen Rost mit einer harten Drahtbürste abbürsten oder mit einem im Autozubehörhandel erhältlichen Rostlöser behandeln und anschließend mit Stahlwolle abreiben.

2 Gereinigte Flecken mit einer für den Außenbereich geeigneten Metallfarbe überstreichen und dabei in betroffene Stellen einarbeiten, um eine homogene Schicht zu erhalten. Damit die Farbe stimmt, eine kleine Dose Reparaturlack verwenden.

▶ *Hochwertige Gartenmöbel sollte man pflegen.*

APFEL- UND BIRNBÄUME ZURÜCKSCHNEIDEN

!!! | 45 MINUTEN PRO BAUM

• Vorsichtiger Rückschnitt für einen gut geformten jungen Baum
• Jährlicher routinemäßiger Rückschnitt erhöht den Ernteertrag und öffnet den Baum für Licht und Luft

Der formgebende Rückschnitt von Apfel- und Birnbäumen ist wesentlich, um einen gut geformten, gleichmäßigen Baum zu erhalten. Sobald dieses Ziel erreicht ist, besteht das jährliche Zurückschneiden nur noch darin, Seitentriebe der Hauptäste zu kappen, um die Fruchtbildung zu fördern. Bei Apfelbäumen, die ihre Früchte an der Spitze der Äste tragen, wird ein Teil des älteren Holzes ausgeschnitten, um die Neubildung von Frucht tragendem Holz zu fördern. Gleichzeitig müssen verwachsene oder gekreuzte Zweige in der Baummitte ausgeschnitten werden, so dass der gesamte Baum genügend Sonne und Licht erhält, gesund und widerstandsfähig bleibt.

TIPPS

❀ Wenn der Baum als junges Exemplar ohne Zweige gekauft wurde, unterstützen Sie die Bildung neuer Zweige, indem Sie ihn im ersten Winter direkt über einem Auge auf etwa 75 cm Höhe zurückschneiden.

❀ Junge Bäume lassen sich gut mit einer Rosenschere zurückschneiden. Bei älteren Bäumen sind Astscheren besser geeignet, um älteres, dickeres Holz auszuschneiden.

❀ Neue, einstämmige Obstbäume brauchen nicht zurückgeschnitten zu werden. Die Früchte wachsen an kurzen Trieben des Hauptstamms. Diese Bäume sind für kleinere Gärten ideal.

1 Im ersten Winter den Hauptstamm kappen, so dass drei oder vier kräftige Äste übrig bleiben, die das Gerüst des Baumes darstellen. Die verbleibenden Äste direkt über einem nach außen weisenden Auge um die Hälfte kürzen.

2 Im zweiten Winter jeden kräftigen neuen Zweig direkt über einem nach außen weisenden Auge um die Hälfte zurückschneiden, damit sich neue Äste bilden. Gleichzeitig Seitentriebe in der Baumkrone auf vier Augen zurückschneiden.

3 Im dritten und in den Folgejahren alle neuen Zweige an den äußeren Ästen um etwa ein Drittel, alle jungen Seitentriebe auf sechs Augen zurückschneiden, um Fruchtknospen zu bilden. Alle verwachsenen oder gekreuzten Äste ausschneiden.

❀ Einige Apfelbäume tragen ihre Früchte an den Spitzen der Äste, darunter beliebte Sorten wie »Bramley's Seedling«. Sobald der Baum seine Form hat, nur noch einen Teil des älteren, Frucht tragenden Holzes entfernen.

Bei Apfel- und Birnbäumen fördern ein umsichtiger Form- und Rückschnitt einen offenen, formschönen Wuchs und gute Ernten.

DER GESUNDE GARTEN

Auch im bestorganisierten Garten kann es mal Probleme geben, aber es gibt Möglichkeiten, die Zeit für die Problemlösung gering zu halten. Eine Verbesserung des Bodens mit gründlichem Anbau sind wichtig – eine kräftige Pflanze ist widerstandsfähiger gegen Ungeziefer und Krankheiten. Generell gilt, dass sofortiges Eingreifen vor späteren Ärgernissen schützt. Chemikalien sind zwar zuverlässig, sollten aber nur im Notfall eingesetzt werden. Folgen Sie immer den Hinweisen des Herstellers und halten Sie sie fern von Kindern und Haustieren. Entsorgen Sie sie nur auf dem dafür vorgesehenen Weg.

▲ *Blattläuse können Knospen und Blüten von Rosen und vielen anderen Pflanzen zerstören.*

BLATTLÄUSE

!!! | 10–15 MIN. PRO ARBEITSGANG

• Mit Spray kann man Blattläuse gut bekämpfen. Natürliche Feinde wie Blattlauslöwen zu fördern kann jedoch effektiver sein

Blattläuse ernähren sich von Pflanzensaft und sind das häufigste Ungeziefer im Garten. Sie fallen über viele Pflanzen her und schwächen sie, indem sie ihren Saft saugen. Sie verursachen Krüppelwuchs bei Blüten und Sprösslingen und übertragen Viren von Pflanze zu Pflanze. Ebenso wie bei Schildläusen (*siehe S. 127*) ruft der klebrige Honigtau, den sie ausscheiden, Befalls mit Rußtaupilzen hervor. Organische oder chemische Sprays töten Blattläuse zwar ab, die einfachste Lösung ist es jedoch, die Natur wirken zu lassen, indem Sie ihre natürlichen Feinde fördern. Die grünen Florfliegen gehören dazu. Eine strohgefüllte Brutkammer (in manchen Gartencentern erhältlich), die mit Lockduftstoffen imprägniert ist, garantiert eine große Population im Garten. Auch Meisen fressen gerne Blattläuse; sorgen Sie dafür, dass sie sich in Ihrem Garten wohl fühlen (*siehe S. 110*).

Die schnellste Art, Blattlauskolonien auf kräftigen Stängeln und Blättern loszuwerden, besteht darin, mit Gummihandschuhen darüber zu fahren und sie so zu zerdrücken.

Alternativ die Blätter mit einem Insektizid auf Seifenbasis besprühen. Bei chemischen Insektiziden darauf achten, dass sie ungefährlich für nützliche Insekten wie Marienkäfer sind.

TIPPS

❀ Wollläuse, die vor allem auf Apfelbäumen vorkommen, verstecken sich unter einer grün-weißlichen wolligen Schicht, wodurch sie kaum effektiv zu besprühen sind. Am einfachsten ist es, sie mit einer starken Wasserdüse am Gartenschlauch vom Baum zu spülen.

❀ Eine Brutkammer für Florfliegen garantiert eine große Population an Blattlaus fressenden Insekten. Da sie sich von Blattläusen und Nektar ernähren, ist es eine gute Möglichkeit, Sumpfblumen (*Limnanthes douglasii*) anzupflanzen, die einen besonders hohen Nektargehalt haben. Diese Einjährige kann sehr einfach aus Samen gezogen werden (*siehe Seite 21*).

Florfliegen und ihre Larven sind fleissige Verfolger von Blattläusen. Im Frühling kann man Brutkästen aufhängen, die im Fachhandel angeboten werden.

NACKT- UND GEHÄUSESCHNECKEN

!!! 5–10 MIN. PRO ARBEITSGANG

- **Es gibt viele Möglichkeiten, die Schnecken im Zaum zu halten**
- **Schneckenkorn sollte mit Vorsicht angewendet werden**
- **Organische und biologische Mittel können sehr effektiv sein**

Von allem Gartenungeziefer sind Nackt- und Gehäuseschnecken mit ihrer silbernen Schleimspur wahrscheinlich die ärgerlichsten. Sie können Setzlinge vernichten, invasionsartig über reifere Pflanzen herfallen und die Blätter einiger Zierpflanzen, besonders der Funkie, in ein Lochmuster verwandeln. Sie kommen so häufig vor, dass sie nie vollständig ausgerottet werden können, aber es gibt ein paar Möglichkeiten, den Schaden, den sie verursachen, zu minimieren.

Schneckenkorn wirkt gut gegen Nackt- und Gehäuseschnecken, aber viele Gärtner wollen das Mittel nicht mehr benutzen, weil es für Kinder und Haustiere, die es essen könnten, als auch für Vögel und Igel, die vergiftete Beutetiere fressen könnten, giftig ist. Wenn Sie es trotzdem benutzen, verteilen Sie es sparsam.

Natürliche Methoden, etwa Bierfallen oder Kieselsteinränder um Pflanzen, wirken fast genauso gut wie Chemikalien.

Biologische Kontrolle scheint die beste Methode zur Schneckenbekämpfung zu sein. Lassen Sie sich in einem gut geführten Gartencenter in der Abteilung Insektizide zum Thema Schnecken beraten. Die Tiere ruhen übrigens gerne an kühlen, feuchten Stellen und ein vernachlässigtes Stück Boden mit Unkraut bietet dafür perfekte Bedingungen.

TIPPS

Eine Mulchschicht aus Kakao- oder Eierschalen kann eine gute natürliche Barriere gegen Schnecken sein, besonders bei jungen Beetpflanzen. Die gebrochenen Kanten bilden eine scharfkantige Oberfläche.

Oben und unten aufgeschnittene Plastikflaschen, die über die Setzlinge gestülpt werden, bilden einen gewissen Schutz gegen Schnecken. Sie schützen jedoch nicht vor unterirdisch lebenden Spezies.

Bei Kontrollgängen in der Dunkelheit können Sie größere Mengen Schnecken fangen, die abends am aktivsten sind. Ganze Armeen von ihnen können zum Beispiel auf dem Rasen gefunden werden. Um sie loszuwerden, sammeln Sie sie in einem Eimer Salzwasser.

Leeren Sie Bierfallen auf den Komposthaufen aus. – Es mag ein gewisser Trost sein, dass die Kreaturen, die Ihre Pflanzen zerstört haben, diese zukünftig düngen werden…

Schneckenkorn sparsam und im Abstand von 10–15 cm um die Pflanzen auslegen. Es ist hoch giftig, schützen Sie also Ihre Kinder oder Haustiere davor!

Pflanzen mit einer Barriere aus Kieselsteinen, Asche, zerkleinerter Eierschale oder dornigen Zweigen umgeben. Schnecken mögen die rauen Oberflächen nicht und überqueren sie deshalb nicht. Von Zeit zu Zeit erneuern.

Ein Glas oder eine Plastikschüssel in den Boden setzen und zur Hälfte mit Bier füllen. Die Schnecken klettern in das Glas, werden betrunken und ertrinken. In Gemüsegärten alle 90 cm ein Glas in den Boden setzen.

Mikroskopisch kleine Nematoden (Würmer) in der angegebenen Menge mit Wasser verdünnen; Boden damit gießen. Diese Parasiten stecken Schnecken an und sind effektiv bei unterirdisch lebenden Schnecken.

GEFURCHTER DICKMAULRÜSSLER

!!! 10 MIN. PRO ARBEITSGANG

- **Prüfen Sie neu gekaufte Pflanzen auf Rüsselkäferlarven**
- **Ausgewachsene Dickmaulrüssler sind so langsam, dass sie auch ohne Chemikalien leicht zu töten sind**
- **Die biologische Methode ist sehr effektiv**

Dickmaulrüssler sind eine wahre Plage. Ausgewachsene Exemplare richten kaum Schaden an, da sie nur kleine Stücke aus Blättern fressen, aber die Larven sind recht zerstörerisch. Dickmaulrüssler befallen eine ganze Reihe Pflanzen und mögen die weichen, saftigen Wurzeln von Beetpflanzen besonders gern. Ohne Wurzeln überleben diese Pflanzen nicht. Wachsamkeit ist eine der besten Möglichkeiten, die Käferpopulation gering zu halten – prüfen Sie die Erde neu gekaufter Pflanzen und suchen Sie im Garten nach ausgewachsenen Dickmaulrüsslern. Die biologische Methode (Nematoden im Gießwasser) wirkt gut, ist aber temperaturabhängig, so dass sie nicht jederzeit angewendet werden kann.

1 Um Dickmaulrüssler-Larven zu finden, die Wurzelballen von Pflanzen untersuchen. Manchmal sind die Larven am äußeren Rand des Wurzelballens sichtbar und lassen sich gut erkennen: ca. 1 cm lang, dick und fast weiß mit braunem Kopf.

2 Wenn Sie Larven entdecken, muss der gesamte Wurzelballen auseinander genommen werden. Pflanze zuerst wässern, damit die Wurzeln biegsamer werden, dann hinlegen, Erde vorsichtig von den Wurzeln trennen. Larven entfernen und zerquetschen.

Wenn Larven ein Dauerproblem in Blumentöpfen und -schalen darstellen, ist eine biologische Methode wie Nematoden am effektivsten, die die Larven mit tödlichen Bakterien infizieren. Ins Gießwasser mischen und die Töpfe im Frühling und Spätsommer damit gießen.

Halten Sie die Population folgendermaßen gering: suchen Sie die langsamen ausgewachsenen Tiere. Sie sind ca. 1 cm lang und grauschwarz mit einer goldenen Sprenkelung; bei Sonnenuntergang sind sie besonders aktiv. Zerdrücken Sie sie am besten.

TIPPS

❀ Um einzelne Töpfe kurzfristig gegen Dickmaulrüssler zu schützen, formen Sie eine Barriere aus nicht-trocknendem Klebstoff (in Gartenfachgeschäften erhältlich) um den Topfrand. Die Insekten bleiben darauf haften.

❀ Wenn Sie chemische Insektizide benutzen möchten, gibt es neuerdings eine spezielle Blumenerde, die ein Insektizid enthält, das Dickmaulrüssler-Larven ebenso tötet wie alle anderen Ungeziefer. Sie ist jedoch nicht für genießbare Pflanzen geeignet.

▸ *Die goldene Sprenkelung unterscheidet Dickmaulrüssler von anderen Rüsselkäfern.*

SCHILDLÄUSE UND RUSSTAUPILZE

!!! 10–15 MINUTEN PRO PFLANZE

• Schildläuse können Pflanzen ernsthaft schwächen, wenn sie nicht frühzeitig bekämpft werden

Schildläuse sitzen auf Stängeln und Blattunterseiten und werden leicht übersehen, bis sich der verräterische Rußtau bildet – ein Pilz, der sich auf dem klebrigen Honigtau ansiedelt, den die Läuse absondern. Die Insekten selbst sind rund oder oval und weiß, gelb oder braun. Einige Schildläuse kommen nur auf bestimmten Pflanzen vor, andere sind weniger spezialisiert und befallen eine ganze Reihe Pflanzen. Braune Schildläuse (dunkelbraun, oval und bis 5 mm lang) ernähren sich von Gartenpflanzen wie Magnolien, Zwergmispeln, Rosen und Glyzinen. Kleine Pflanzen lassen sich einfach behandeln, indem man befallene Blätter entfernt oder besprüht.

Eine weiche Schildlaus auf einem Lorbeerblatt.

TIPPS

Sprays wirken im Sommer am besten, wenn die neu geschlüpften »Nymphen« aktiv.

Eine Wäsche mit mineralölhaltiger Spritzbrühe im Winter kann für laubwechselnde Pflanzen wirkungsvoll sein. Sie müssen wirklich ruhend sein. Schützen Sie alle immergrünen Pflanzen in der Nähe vor dem Giftspray.

Im Frühsommer die Pflanze zwei oder drei Mal in zweiwöchigen Abständen einsprayen. Wenn nur einige Blätter befallen sind, diese entfernen.

Wenn sich Rußtau gebildet hat, die Blätter von kleineren Pflanzen mit einem feuchten Tuch abwischen. Größere Pflanzen mit dem Gartenschlauch absprühen.

BLATTFLECKEN- UND ROSTKRANKHEITEN

!!! 5 MINUTEN PRO PFLANZE

Blattflecken- (meist schwarz oder braun) und Rostkrankheiten (eine orangefarbene oder braune Verfleckung auf der Blattunterseite) werden von verschiedenen Pilzinfektionen hervorgerufen. Sternrußtau bei Rosen ist eine der am häufigsten auftretenden Erkrankungen. Ernsthafter Befall führt zu völligem Blattverlust. Es ist wichtig, im Frühstadium tätig zu werden.

TIPP

Suchen Sie möglichst resistente Sorten aus und wählen Sie das für die Pflanzenart geeignete Fungizid.

Wenn nur einige Blätter befallen sind, diese abpflücken und entsorgen. Schwerere Fälle von Blattflecken- und Rostkrankheiten können mit einem geeigneten chemischen Fungizid behandelt werden.

Um die Möglichkeit des Befalls mit Blattflecken- und Rostkrankheiten zu minimieren, Pflanzen im Frühling mit einem pottaschehaltigen Dünger düngen (*siehe Seite 17*) und wenn die Blätter sprießen, mit Fungizid besprühen..

FALSCHER UND ECHTER MEHLTAU

!!! 5–10 MINUTEN PRO PFLANZE

• Falscher und Echter Mehltau schwächen die Pflanzen ernsthaft

Mehltau sieht hässlich aus und kann die Pflanze ernsthaft schwächen. Falscher befällt viele Pflanzen und kommt besonders häufig bei lang anhaltendem nassem Wetter vor. Er bildet eine grau-weißliche Schicht auf der Unterseite der Blätter, und die Blattoberseite wird gelblich. Eng zusammenstehende Pflanzen sind am anfälligsten, besonders auf wenig wasserdurchlässigen Böden.

Echter Mehltau befällt ebenfalls verschiedene Pflanzen, vor allem Rosen und Astern. Die pulverartige weiße Schicht befindet sich meist auf der Blattoberseite, kann sich aber auf Stängel und Knospen ausdehnen. Echter Mehltau gedeiht in feuchtwarmem Wetter besonders gut.

Eine weitere Ausbreitung beider Mehltauarten lässt sich manchmal verhindern, wenn Blätter beim ersten Anzeichen von Befall entfernt werden, aber Einsprühen kann trotzdem notwendig werden. Es kann auch hilfreich sein, die Wachstumsbedingungen für Garten- und Topfpflanzen zu verbessern.

Am einfachsten ist falscher Mehltau zu behandeln, indem alle befallenen Pflanzenteile beim ersten Anzeichen eines Befalls ausgeschnitten werden. Dann die Pflanze mit einem organischen oder chemischen Fungizid besprühen.

Vorbeugung: den Wasserabfluss bei schweren Gartenböden durch Untergraben von Schotter oder Kies vor dem Pflanzen verbessern. Bei Pflanzkübeln durch eine Schicht Tonscherben für starke Entwässerung sorgen (*siehe S. 52*).

Echten Mehltau behandeln wie Falschen: Befallene Pflanzenteile entfernen, dann die gesamte Pflanze mit einem geeigneten organischen oder chemischen Fungizid einsprühen. Bei Bedarf nochmals besprühen.

Am besten lässt sich echter Mehltau im Garten verhindern, indem man die Pflanzen mulcht, wenn die Erde feucht ist (*siehe S. 17*), so dass die Feuchtigkeit eingeschlossen wird. Kübelpflanzen sollten regelmäßig gut gegossen werden.

TIPPS

❀ Um Mehltau bei Topfpflanzen vorzubeugen, mischen Sie die Komposterde vor dem Einpflanzen mit wasserspeichernden Kristallen.

❀ Kaufen Sie nach Möglichkeit resistente Sorten – einige Rosen beispielsweise sind viel weniger anfällig für echten Mehltau als andere.

▶ *Rosen sind bekanntlich besonders anfällig für echten Mehltau, der sowohl die Blätter als auch die Stiele und Knospen befallen kann.*

FLÄCHEN MIT UNKRAUTBEFALL

!!! 1 STUNDE FÜR 10 QM

• Die zweistufige Methode der Unkrautvernichtung ist effektiv

Vollkommen mit Unkraut überwucherte Teile des Gartens durch Umgraben zu säubern ist mühsam, besonders, wenn es sich um tiefwurzelndes ausdauerndes Unkraut handelt. Die einfachste Methode besteht darin, im Frühling das Unkraut abzuschneiden und es dann im Sommer, wenn die Triebe am saftigsten sind, mit glyphosathaltigem Unkrautvernichter zu besprühen. Glyphosat ist eines der sinnvolleren Unkrautvernichtungsmittel, da es harmlos ist, sobald es trocknet, und nicht in der Erde bleibt, so dass der Boden direkt bepflanzt werden kann. Falls Sie umgraben wollen, stellen Sie sicher, dass alle Wurzeln von Ausdauernden wie der Ackerwinde (*Convolvulus*) entfernt wurden.

▲ *Die Ackerwinde ist ein hartnäckiges Unkraut.*

TIPPS

❀ Sprühen Sie Unkrautvernichtungsmittel an einem windstillen Tag.

❀ Ein Kultivator ist bei mit Unkraut zugewuchertem Boden wenig hilfreich, da er auch die Wurzeln von ausdauernden Unkräutern nur zerhackt und verteilt.

1 Um ein zugewuchertes Stück Garten zu säubern, alle holzigen Unkräuter wie z. B. Brombeeren zurückschneiden, damit das Unkraut im Frühling kräftig wächst. Eine Motorsense schneidet auch das hartnäckigste Unkraut schnell.

2 Wenn das Unkraut in der Mitte des Sommers am kräftigsten ist, mit einem glyphosathaltigen Herbizid besprühen. Ein Sprühkanister spart bei größeren Flächen Zeit. Nach 4–5 Wochen evtl. nachwachsendes Unkraut erneut besprühen.

EINJÄHRIGES UNKRAUT

!!! 1–5 MINUTEN PRO QM

Einjährige Unkräuter sind einfach zu bekämpfen, indem man sie mit der Hacke oder von Hand jätet. Es ist jedoch empfehlenswert, dies zu tun, bevor sie Samen bilden, sonst müssen Sie von vorn beginnen. Bei heißem, trockenem Wetter können Sie die Unkräuter einfach auf dem Boden vertrocknen lassen.

TIPP

❀ Mulch verhindert einjährige Kräuter völlig (*siehe S. 17*). Kakaoschalen, die Schnecken fern halten, sind für junge Zier- und Kulturpflanzen nützlich.

Jäten Sie einjährige Unkräuter, sobald sie herauskommen; knapp unter der Oberfläche abschneiden. Jäten bei trockenem Boden ist am effektivsten, da einige Unkräuter in feuchtem Boden wieder Wurzeln bilden können.

Älteres einjähriges Unkraut ist einfach mit der Hand zu jäten, besonders, wenn der Boden feucht ist. Wenn sie blühen oder Samen gebildet haben, zum Entsorgen in einer Tüte sammeln. Auf dem Kompost würden sie sich vermehren

MEHRJÄHRIGE UNKRÄUTER

!!! 5 MINUTEN PRO PFLANZE

• Mehrjährige Unkräuter mit Flachwurzeln, wie die Brennnessel, durch Ausgraben eliminieren
• Für Unkräuter mit tiefen Wurzeln ist Unkrautvernichter am besten
• Mulch hilft, einige mehrjährige Unkräuter zu unterbinden

Mehrjährige Unkräuter haben alle möglichen Überlebenstaktiken entwickelt. Einige, wie Löwenzahn und Ampfer, haben tiefe Pfahlwurzeln, die schwierig auszugraben sind, und können aus jedem nicht ausgegrabenen Stückchen Wurzel wieder neu entstehen. Die Ackerwinde entsteht ebenfalls wieder aus ihren großflächigen, tiefen Wurzeln und ist extrem schwer auszugraben. Die Wurzeln von Schachtelhalm und Knöterich gehen so tief (bis 2 m oder mehr), dass Graben nicht hilft. Brombeeren schlagen Wurzeln, wo ein Stängel den Boden berührt, und Giersch bildet Stängel aus kriechenden Wurzelstöcken. Mulch trägt dazu bei, weniger kräftige Ausdauernde wie Brennnessel und Weidenröschen zu ersticken, aber die einfachste Lösung gegen alle ausdauernden Unkräuter ist Glyphosat-Unkrautvernichter.

Einige ausdauernde Unkräuter (hier Hahnenfuß) haben flache Wurzeln und können leicht mit einer Handgabel angehoben werden. Wenn Sie ein größeres Kissen gebildet haben, das Kissen mit einer Gartenforke herausheben.

Eine dicke Schicht aus Rindenmulch oder organischem Material (*siehe S. 17*) trägt dazu bei, ausdauernde Unkräuter zu unterbinden. Einige kommen aber durch den Mulch trotzdem wieder hervor.

Unkräuter mit tiefen Wurzeln (Ackerwinde) sind schwierig durch Graben zu entfernen. Schneller geht es mit Glyphosat-Unkrautvernichter, der auf die Blätter aufgepinselt wird, statt sie zu besprühen, falls Kulturpflanzen in der Nähe wachsen.

Um Schachtelhalm (*oben*) und japanischen Knöterich zu eliminieren, bis zum Sommer warten, wenn sie gut wachsen. Stängel vor dem Besprühen mit Unkrautvernichtungsmittel abbrechen. Es kann drei Jahre dauern, bis sie zerstört sind.

TIPPS

❀ Wenn Unkräuter von anderen Grundstücken in den Garten kommen, ist eine Barriere wie dicke Kunststofffolie, die ca. 45 cm hoch in den Boden gesteckt wird, ein gutes Hindernis.

❀ Eine der erfolgreichsten Methoden, ausdauernden Unkräutern vorzubeugen, besteht darin, flächendeckend bodenbedeckende Pflanzen wie Funkien und robuste Geranien zu pflanzen.

▸ *Ausdauernde Unkräuter können zur Plage werden, wenn sie Gartenpflanzen überwuchern.*

RASENUNKRÄUTER

!!! 20 MIN. PRO RASENSTÜCK

- **Es gibt einfache Maßnahmen, um Rasenunkräuter unter Kontrolle zu bekommen**
- **Pflege des Grases ist die effektivste Maßnahme überhaupt**

Unkraut gibt es in jedem Rasen. Den größten Schaden richten Arten an, die eine Blätterrosette auf dem Boden bilden und damit ein kreisförmiges Stückchen Rasen beschatten. Die drei grundlegenden Maßnahmen gegen Unkraut sind Handjäten und Behandlung mit Unkrautvernichter. Langfristig jedoch empfiehlt es sich, einen kräftigen, gesunden Graswuchs zu fördern, der Unkrautsämlinge erstickt und so das Problem löst. Düngen im Frühling und Herbst (*siehe S. 55*) unterstützt ein dichtes Wachstum. Unebenheiten oder kahle Stellen sollten behoben werden (*siehe S. 40*), denn sie wachsen schnell mit Unkraut zu. Den Rasen vor dem Mähen zu harken hilft, die Ausbreitung von kriechenden Unkräutern wie Klee zu stoppen, weil sie so in die Messer des Rasenmähers geraten.

Unkraut mit flachen Wurzeln wie Wegerich mit einem Fischschwanzjäter anheben. Unter der Pflanze einstechen und hin- und herrütteln, um die Wurzeln zu lösen. Die Wurzeln lösen sich leichter, wenn der Boden feucht ist.

Ein langstieliges Jätwerkzeug ist nützlich, wenn es viel Unkraut zu vernichten gilt. Es gibt verschiedene Modelle im Handel. Die Unkräuter zur einfacheren Entsorgung auf einer Kunststofffolie sammeln.

Unkraut mit Pfahlwurzeln wie Löwenzahn, die schwer auszugraben sind, lokal mit für Rasen geeignetem Unkrautvernichter behandeln, der das Unkraut, aber nicht das Gras tötet. Er ist auch für Unkraut in Rabatten geeignet.

Einen stark verkrauteten Rasen mit einem Unkrautvernichtungsmittel in löslicher oder Granulatform behandeln. Mit einer Gießkanne lässt sich ein flüssiges Mittel am einfachsten aufbringen.

TIPPS

❀ Nicht alles Unkraut muss vernichtet werden. Gänseblümchen, sind sehr hübsch und nicht allzu invasiv. Andere, wie Klee, haben den Vorteil, dass sie auch in trockenen Zeiten grün bleiben.

❀ Wenn der Rasen stark mit Unkraut durchsetzt ist und schlecht wächst, kann es langfristig einfacher sein, ihn umzugraben und mit neuem Rollrasen (*siehe S. 38–39*) oder mit Grassamen (*siehe S. 87*) von vorne anzufangen.

▶ *Rasenunkraut ist oft hässlich und verhindert einen kräftigen Graswuchs.*

PFLEGELEICHTE PFLANZEN VON A–Z

Die hier vorgestellten Pflanzen wurden nach drei Kriterien ausgewählt: einfache Anzucht, lange Lebensdauer und zuguterletzt reine Schönheit. Die meisten dieser Pflanzen tolerieren alle Bodentypen, solange sie nährstoffreich und durchlässig sind. Besondere Anforderungen (beispielsweise saurer Boden) werden in der jeweiligen Beschreibung aufgeführt. Die Sternsymbole bezeichnen die schönsten und pflegeleichtesten Pflanzen.

Allium giganteum

SYMBOLSCHLÜSSEL

☆	schöne Pflanze	H	Höhe
○	vollsonnig	B	Breite
◑	halbschattig	✂	Beschnitt
●	schattig	⚘	Vermehrung

ACER (Ahorn)

Eine vielseitige Familie von Bäumen und Sträuchern, die für die leuchtende Herbstfärbung ihrer laubwechselnden Varietäten berühmt ist. Die strauchige *A.* »Garnet« ist einer der schönsten japanischen Ahorne und bildet einen Busch fein geschnittener rotvioletter Blätter. Der Grauahorn *A. griseum* ist ein langsam wachsender Baum, dessen sich in Streifen abschälende orange-braune Rinde das ganze Jahr hindurch attraktiv ist. *A. pensylvanicum* ist ebenso schön mit großen, gelappten grünen Blättern, die sich im Herbst gelb färben, und einer auffällig grünweiß gestreiften Rinde. Alle genannten Ahorne sind laubwechselnd und gedeihen auf kühlem, feuchtem Boden.

○◑ Sträucher: H 1,2–3 m, B 1–4 m.
Bäume: H 10–12 m, B 10–12 m

✂ Keiner

⚘ Mitte Herbst ausgesäte Samen

ACHILLEA (Schafgarbe)

Die widerstandsfähige und problemlose Schafgarbe ist eine der pflegeleichtesten Rabattenstauden. Sie trägt im Sommer und Frühherbst ausdauernd große Schirmrispen über gefiederten Blättern. Trotz der oft beachtlichen Höhe müssen die kräftigen Stängel nicht gestützt werden. Zwei verdientermaßen beliebte Varietäten sind die immergrüne *A. filipendulina* »Gold Plate« mit leuchtend gelben Blütenrispen und die kompaktere *A.* »Moonshine« mit immergrünen, lanzettartigen Blättern und hellgelben Blütenrispen.

○ H 15 cm–1,2 m, B 23–60 cm

✂ Im Spätherbst hart zurückschneiden

⚘ Teilung im frühen Frühjahr oder Spätherbst

ALLIUM (Zierlauch)

Anspruchslose Zwiebel für das späte Frühjahr und den Frühsommer. *A. christophii* trägt bis zu 20 cm große, metallisch glänzende violette Blütendolden, während die hohe *A. giganteum* kleinere, dichter gepackte tief lilafarbene Dolden trägt.

○ H 30 cm–1,2 m, B 5–15 cm pro Zwiebel

✂ Verwelkte Blüten entfernen

⚘ Im Herbst gepflanzte Zwiebeln, selbst gesäte Samen

AMELANCHIER (Felsenbirne) ☆

A. lamarckii ist ein wertvoller laubwechselnder kleiner Baum oder Strauch, der lange attraktiv bleibt: bronzefarbenes junges Laub, weiße Frühlingsblüten, essbare Früchte, die in einem guten Sommer reifen. Wunderschöne Herbstfärbung. Gedeiht mit Ausnahme von Kalk auf allen Böden, solange sie nicht staub trocken sind.

○◑ H und B 3 m oder mehr

✂ Keiner

⚘ Im Sommer ausgesäte reife Samen, halbreife Stecklinge im Hochsommer

ASPLENIUM (Streifenfarn)

Die glänzenden, immergrünen Wedel von *A. scolopendrium* sind lang, schmal und ungeteilt. *A. s.* »Crispum« ist einer der schönsten Kultivare mit stark gewellten Blatträndern. Streifenfarne brauchen humusreichen, feuchten, aber nicht staunassen Boden.

◑ H bis zu 60 cm, B 60 cm

✂ Keiner

⚘ Teilung im Frühjahr

BERBERIS (Sauerdorn, Berberitze)

Eine schöne Gruppe robuster Sträucher, die in ihren buntblättrigen Formen beeindrucken. Die laubwechselnden *B. thunbergii* »Bagatelle« und »Dart's Red Lady« sind sehr kompakt und bilden rot-violette Kuppeln. »Rose Glow« ist höher, mit rosa-violetten, weiß gesprenkelten Blättern an geschwungenen Stängeln und eignet sich als informale Heckenpflanze.

○◑ H 30 cm–1,5 m, B 30 cm–1,2 m

✂ Keiner

⚘ Halbreife Stecklinge im Hochsommer

BETULA (Birke)

Schnell wachsende, laubwechselnde Bäume, die wegen ihres grazilen, offenen Habitus, der attraktiven Frühlingskätzchen und der schönen weißen Rinde vieler Formen geschätzt wird. *B. utilis var. jacquemontii* ist eine der schönsten aufrechten Varietäten und die geisterhafte »Silver Shadow« ist herausragend. *B. pendula* »Youngii« ist ein kleinerer hängender Baum, der sich hervorragend als Solitär auf dem Rasen macht.

○◑ H 6–11 m, B 6 m

✂ Keiner

⚘ Im Herbst ausgesäte Samen

BUDDLEJA (Schmetterlingsstrauch) ☆

B. davidii ist ein kraftvoller, laubwechselnder Strauch, er gegeiht an einem heißen, trockenen Standort und auf magerem Boden. Die geschwungenen Triebe tragen von Hochsommer bis Mitte August lange Blütenähren in einer Vielzahl von Farben – besonders schön ist die tief violette »Black Knight«.

○ H 3 m, B 5 m

✂ Im frühen Frühjahr hart zurückschneiden

⚘ Halbreife Stecklinge und Stecklinge im Sommer. Hartholzstecklinge im Spätherbst

Berberis thunbergii

Clematis »Bill MacKenzie«

Cotoneaster horizontalis

CALLUNA (Heidekraut, Besenheide)
Gute immergrüne Bodendecker, die von Sommer bis Herbst in vielen Schattierungen von Weiß und Rosa blühen. Arten mit buntem Blattwerk (von Bronze über Silber bis Gold) wie »Gold Haze« und »Multicolor« sind besonders für den Winter geeignet. Erfordern sauren Boden.
○ H 15–60 cm, B 30–60 cm
✂ Im Frühjahr stutzen
Halbreife Stecklinge im Sommer

CAMELLIA (Kamelie)
Die immergrünen Kamelien sind die schönsten früh blühenden Sträucher für kalkfreien Boden. Formen der *C. williamsii* wie die rosafarbene »Donation« sind die robustesten, aber alle Kamelien müssen vor Wind und Frost geschützt werden.
○◑ H und B 2–2,5 m
✂ Formschnitt bei Bedarf
Halbreife Stecklinge im Mittsommer

CEANOTHUS (Säckelblume)
Der immergrüne *C.* »Autumnal Blue« ist der kraftvollste dieser attraktiven Mauersträucher. Er bildet ein dichtes, Unkraut erstickendes Blätterdach und blüht von Hochsommer bis Herbst. Der Polster bildende *C. thyrsiflorus* var. *repens* ist ein hervorragender Bodendecker. Alle Ceanothus benötigen einen geschützten Standort.
○ H 1–3 m, B 2,5–3 m
✂ Mitte Frühjahr leicht stutzen, um ein dichtes Blattwerk zu fördern
Halbreife Stecklinge im Hoch- bis Spätsommer

CHOISYA (Orangenblume) ☆
Eine schöne Gruppe aromatischer, immergrüner Sträucher mit glänzenden Blättern und nach Orangen duftenden Blüten im späten Frühjahr, auf die im Herbst weitere kleinere Blüten folgen. Die goldblättrige *C. ternata* »Sundance« trägt weniger Blüten und färbt sich am besten in voller Sonne. Sehr verlässlich und pflegeleicht.
○◑ H und B 2 m
✂ Bei Bedarf auslichten
Halbreife Stecklinge im Hochsommer

CLEMATIS (Waldrebe)
Die schönsten Clematis blühen durchgehend von Frühsommer bis Frühherbst. Zu dieser Gruppe zählen die beliebten »Ernest Markham« und »Perle d'Azur«. Die vom Hochsommer bis in den späten Herbst blühende »Bill MacKenzie« wird wegen ihrer orangen, glockenförmigen Blüten geschätzt. Clematis immer tief an einem Standort einpflanzen, an dem die Wurzeln Schatten haben (*siehe S. 92*) um der Clematis-Welke vorzubeugen.
○◑ H 3 m, S 1 m
✂ Frühe Clematis im Frühsommer zurückschneiden (*siehe S. 59*), späte Clematis im Spätwinter hart zurückschneiden (*siehe S. 117*)
Halbreife Stecklinge im Hochsommer, Ableger im Frühjahr

CORNUS (Hartriegel) ☆
Die wegen ihres farbigen Holzes geschätzten Hartriegelgewächse wirken mit ihren glänzenden, rot, grün und gelb schattierten Zweigen besonders attraktiv im Winter. Sie sind robust und pflegeleicht, wobei *C. stolonivera* »Flaviramea« invasiv werden kann. *C. alba* »Elegantissima« mit ihren roten Zweigen trägt im Sommer weiß panaschierte Blätter.
○◑ H und B 3 m
✂ Im zeitigen Frühjahr hart zurückschneiden (*siehe S. 20*)
Halbreife Stecklinge im Hochsommer, Hartholzstecklinge im Spätherbst. Ableger im zeitigen Frühjahr

COTINUS (Perückenstrauch)
Cotinus verdankt seinen volkstüml. Namen Perückenstrauch den großen, fadenähnlichen Blütenständen mit winzigen Blüten. Er ist ein anspruchsloser, laubwechselnder Strauch mit schönen Blattfarben von Weinrot bis zu Tiefviolett – *C. coggygria* »Royal Purple« ist herausragend. Alle Varietäten färben sich im Herbst wunderschön.
○ H und B 2,5 m oder mehr
✂ Nicht erforderlich, kann aber für größere Blätter hart zurückgeschnitten werden
Ableger im zeitigen Frühjahr

COTONEASTER (Zwergmispel)
Eine pflegeleichte Gruppe immergrüner und laubwechselnder Sträucher, die kleine Blüten tragen, auf die Beeren folgen. Ihre Formen reichen von Bodendeckern über Mauersträucher wie der flach wachsenden *C. horizontalis* bis zu großen Büschen für Hecken und Sichtschutz. Toleriert arme Böden.
○◑ H 8 cm–5 m, B 60 cm–4 m
✂ Im Spätsommer Hecken stutzen und formale Wandsträucher erziehen, dabei möglichst viele Beeren erhalten
Halbreife Stecklinge im Hoch- bis Spätsommer. Ableger im frühen Frühjahr

ELAEAGNUS (Ölweide)
Einige immergrüne Formen von Elaeagnus zeigen leuchtende Panaschierungen und eignen sich dadurch besonders für schattige Standorte. Eine der schönsten ist *E. pungens* »Maculata«, deren dunkelgrüne Blätter großflächig goldgefleckt sind. Eine gute, anspruchslose Pflanze, die Seewind und trockene Böden gut toleriert.

Elaeagnus pungens »Maculata«

Euphorbia characias subsp. wulfenii

Geranium wallichianum »Buxton's Variety«

○◑ H und B 2–5 m
✂ Zur Auslichtung und Entfernung von rein grünen Trieben
⚘ Halbreife Stecklinge im Hochsommer

ERICA (Heide, Erika)

Die winterblühende *E. carnea* ist ein verlässlicher, immergrüner Bodendecker sowie ein wunderschöner Lückenfüller für Pflanzenkübel im Herbst. Der kriechende Halbstrauch *E. carnea* »Springwood White« ist besonders schön und viele Kultivare zeigen bronzefarbenes oder goldenes Blattwerk, das den sommerlichen Garten verschönert. *E. carnea* wächst auf allen Böden, einschließlich kalkigen.
○ H 15 cm, B 25–25 cm
✂ Im Frühjahr stutzen
⚘ Halbreife Stecklinge im Sommer

EUONYMUS (Spindelstrauch, Pfaffenhütchen)

Der zähe und pflegeleichte *E. fortunei* ist formschön und kompakt mir weiß oder golden panaschierten Formen wie »Silver Queen« und »Emerald 'n' Gold«. Wertvolle Sträucher für jeden Garten. Die meisten sind Bodendecker, andere bilden Kuppeln. Alle können an Mauern ranken. Die Kuppel bildenden Formen eignen sich für den Formschnitt.
○◑ H 30 cm–1 m, B 45 cm–1,5 m
✂ Einzelpflanzen Mitte Frühjahr und im Hochsommer in Form schneiden
⚘ Halbreife Stecklinge im Hochsommer

EUPHORBIA (Wolfsmilch)

Eine überragende Staude mit stark architektonischem Habitus. *E. characias ssp. wulfenii* hat dicht graugrün beblätterte aufrechte Triebe mit großen kuppelförmigen gelbgrünen Blüten, die sich lange halten. *E. amygdaloides* var. *robbiae* ist von dunklerem Grün und eignet sich gut für trockenen Schatten unter Bäumen. Beide sind immergrün
○◑ H 60 cm–1,2 m, B 1,2 m oder mehr
✂ Triebe ausschneiden, wenn die Blüten welken (Achtung: Der Saft ist stark reizend!)
⚘ Teilung Anfang bis Mitte Frühjahr

GERANIUM (Storchschnabel) ☆

Der winterharte Storchschnabel ist ein hervorragender Bodendecker, dessen zäher Wurzelstock und dichte Kuppel aus Blattwerk jedes Unkraut ersticken. Er ist anspruchslos und trägt oftmals lange Zeit eine Fülle von Blüten. *G. wallichianum* »Buxton's Variety« ist mit ihren schalenförmigen violettblauen Blüten mit weißer Mitte besonders schön.
○◑ H 15 cm–1,2 m, B 30 cm–1,2 m
✂ Für eine zweite Blüte nach der ersten hart zurückschneiden
⚘ Im zeitigen Frühjahr oder Spätherbst teilen

HAKONECHLOA

H. macra ist ein zartes, niedriges Gras dessen goldgelbe, grün gestreifte Blätter niedrige Büschel bilden. Sie nehmen später im Jahr eine rote Schattierung an, die sich oft bis in den Winter hält. Gedeiht auf feuchtem, fruchtbarem Boden. Schön in Kübeln.
○◑ H 25 cm, B 40 cm
✂ Im Winter oder Frühjahr hart zurückschneiden
⚘ Teilung im frühen Frühjahr

HEBE (Strauchveronika)

In der Regel sind die kleinblättrigen Formen zuverlässigere Sträucher als die mit den größeren Blättern, die nicht verlässlich winterhart sind. Sie bilden geschlossene immergrüne Kuppeln in allen Schattierungen von Zinn bis Dunkelgrün; einige tragen hübsche Blüten. Die goldfarbene Sorte *H. ochracea* »James Stirling« hat kleine, schuppenartige Blätter. Alle Formen eignen sich gut als Bodendecker.
○ H 30–60 cm, B 60 cm–1 m
✂ Wildwuchs im Frühjahr stutzen
⚘ Halbreife Stecklinge im Spätsommer

HEDERA (Efeu) ☆

Eine der robustesten und schönsten Kletterpflanzen. Alle Efeus sind selbst kletternd und bieten ein dichtes Laubwerk in einer enormen Bandbreite von Farben und Formen. Wählen Sie eine für den vorgesehenen Platz passende Varietät, um sich den späteren Beschnitt zu sparen. Golden panaschierte Formen wie *H. helix* »Goldheart« färben sich in voller Sonne besonders schön. Alle Efeus sind im trockenen Schatten gute Bodendecker.
○◑● H 1–10 m
✂ Keiner
⚘ Halbreife Stecklinge und Stecklinge im Sommer. Ableger im zeitigen Frühjahr

HOSTA (Funkie)

Die interessanteste der krautigen Stauden. Sie bildet große Rosetten schön geformter Blätter. Die Farben reichen von Grün über leuchtend Gelb bis hin zu schönen bläulich grünen Schattierungen mit unterschiedlichen Panaschierungen. Die weiß geränderte *H.* »Francee« ist besonders attraktiv. Funkien sind gute Bodendecker, gedeihen gut auf allen außer den trockensten Böden und eigen sich gut für Kübel.
○◑ H 15 cm–1,2 m, B 45 cm–1,2 m
✂ Verwelkte Blüten im Sommer auslichten und abgestorbene Blätter im Herbst entfernen
⚘ Teilung im zeitigen Frühjahr

HYDRANGEA (Hortensie)

Hortensien sind wertvolle laubwechselnde Sträucher, die lang anhaltend Farbe zeigen und deren große, auffällige Blüten im Som-

Hakonechloa macra »Aureola«

Hebe pinguifolia »Pagei«

Lavandula angustifolia »Hidcote«

mer erscheinen und sich im Herbst und Winter zu Rot- und Braunschattierungen verfärben. Die Rispen tragenden Formen von *H. macrophylla* wie »Lanarth White« und »Blue Wave« sind besonders schön. Für rosa Blüten müssen Hortensien auf alkalischem Boden wachsen, für blaue Blüten auf saurem, torfigem Boden. Bevorzugt einen geschützten Standort. Welke Blüten zum Schutz der neuen Knospen im Frühjahr am Trieb lassen.

○ ◑ H 1–2 m, B 1–1,5 m

✂ Kein regelmäßiger Rückschnitt erforderlich. Verfilzte Pflanzen im Frühjahr bei Bedarf auslichten

⚘ Halbreife Stecklinge im Hochsommer

ILEX (Stechpalme) ☆

Immergrüne Sträucher oder Bäume, die sich als Hintergrundbepflanzung, Solitäre und als widerstandsfähige Heckenpflanzen eignen. Es gibt zahlreiche panaschierte Formen, die sich in voller Sonne am schönsten färben. Neben den stechenden Formen gibt es auch solche mit glatten Blättern wie zum Beispiel *I.* x *altaclerensis* »Golden King«. Für garantierte Beerentracht männliche und weibliche Pflanzen setzen.

○ ◑ H 1–20 m, B 2–8 m

✂ In Form geschnittene Solitäre ebenso im Frühjahr und Hochsommer zuschneiden wie Heckenpflanzen

⚘ Halbreife Stecklinge im Spätsommer

IRIS (Schwertlilie)

Schwertlilien sind Rhizom- oder Zwiebelstauden mit einer kurzen Blütezeit, für die aber die Schönheit der Blüten entschädigt, von denen viele feine, komplexe Zeichnungen tragen. Besonders die Varietäten der Rhizomiris zeigen eine außergewöhnlich große Bandbreite an Färbungen. So gibt es kleine, im Frühjahr blühende Iris für den Steingarten wie die blassblaue *I. reticulata* »Cantab« und die violette *I. r.* »J. S. Dijt« und im späten Frühjahr und im Sommer blühenden Varietäten wie die blau blühende *I. pallida* »Variegata«, die sich mit ihren großen Büscheln für Teichufer und Rabatten empfiehlt.

○ H 15 cm–1,2 m

✂ Verwelkte Blätter der Rhizomiris im Spätherbst entfernen

⚘ Rhizomiris durch Teilung im späten Frühjahr (*siehe S. 51*), Zwiebeliris durch Teilung im Frühsommer (*siehe S. 61*)

JASMINUM (Jasmin)

Winterjasmin (*J. nudiflorum*) ist ein hübscher Strauch. Er ist leicht zu ziehen, toleriert Schatten und trägt zwischen Mitte Herbst und Mitte Frühjahr schöne sternförmige gelbe Blüten. Man kann ihn über eine Kante hängen lassen oder an einer Mauer hochziehen. Der kraftvollere Echte Jasmin (*J. officinale*) mit seinen stark duftenden, weißen Blüten benötigt einen sonnigeren, geschützteren Standort. Beide sind laubwechselnd.

○ ◑ H und B Winterjasmin 3 m, Echter Jasmin 12 m

✂ Alte Blütentriebe nach der Blüte ausdünnen

⚘ Halbreife Stecklinge im Spätsommer, Ableger im frühen Frühjahr

JUNIPERUS (Wacholder)

Die Familie umfasst viele säulenförmige Koniferen, die formalen Gärten, Steingärten und Terrassen Akzente verleihen. Die kleine *J. communis* »Compressa« und die größere *J. scopulorum* »Skyrocket« zählen zu den schönsten. Sie brauchen mehrere Jahre, um ihre volle Höhe zu erreichen und gedeihen auf allen Böden.

○ H 75 cm–6 m, B 45–60 cm

✂ Keiner

⚘ Reife und halbreife Stecklinge im Frühherbst; an kühlem Ort anziehen

LAVANDULA (Lavendel)

Mit seinen langhaltenden Blütenähren und seinem feinen Duft ist Lavendel eine pflegeleichte, unverzichtbare Pflanze für jede Rabatte an einem sonnigen, heißen Standort. Die dunkelviolette *L. angustifolia* »Hidcote« ist besonders schön und eignet sich hervorragend als niedrige, informelle Hecke. Die kleine, weiß blühende *L. a.* »Nana Alba« ist eine ideale Steingartenpflanze.

○ H und B 30–60 cm

✂ Mitte Frühjahr stutzen

⚘ Halbreife Stecklinge im Hochsommer

LAVATERA (Buschmalve) ☆

Die strauchigen, mehrjährigen Buschmalven sind schnell wachsend und erreichen eine Höhe von 2 m in nur einer Saison. Sie sind auch frei blühend und tragen vom Sommer bis in den Spätherbst eine Fülle trompetenförmiger Blüten. Sie sind zwar nicht sehr langlebig, zeigen aber in Beeten und Rabatten schöne Farben und sind leicht aus Stecklingen zu vermehren. Die hell rosafarbene *L.* »Barnsley« ist zu Recht äußerst beliebt.

○ H und B 2 m

✂ Alle nicht dem Typ entsprechenden Blütentriebe herausschneiden und im zeitigen Frühjahr hart zurückschneiden

⚘ Grüne Stecklinge im späten Frühjahr

LILIUM (Lilie)

Lilien zählen zu den schönsten Sommerpflanzen überhaupt, sowohl wegen ihres exotischen Aussehens als auch wegen des betörenden Dufts, der sich besonders stark in Sommerwinden entwickelt. Obwohl die meisten Formen winterhart sind, zieht man sie besser in Kübeln (*siehe S. 111*) als in der Rabatte, da man sie so besser vor Schnecken schützen kann.

○ ◑ H 40 cm–1,5 m

Magnolia soulangeana

Mahonia x media »Winter Sun«

Parthenocissus henryana

✄ Verwelkte Blüten entfernen. Tote Triebe im Spätherbst ausschneiden
⚘ Sehr schwierig

LONICERA (Geißblatt, Heckenkirsche)

Mit seinen süß duftenden, hübschen Blüten ist das Geißblatt eine interessante windende Kletterpflanze für Wände und Pergolas. Die immergrüne, weiß blühende *L. japonica* »Halliana« hat die längste Blütezeit, vom Frühjahr bis zum Spätsommer. *L. periclymenum* »Belgica« und »Serotina« zählen mit ihren rot gestreiften, weißen Blüten zu den farbenfrohesten Sorten.
○ ◐ H 4–10 m
✄ Altes Holz nach der Blüte ausdünnen. Vernachlässigte Pflanzen im Frühjahr hart zurückschneiden (*siehe S. 20*)
⚘ Ableger im frühen Frühjahr, Hartholzstecklinge im späten Herbst

MAGNOLIA (Magnolie)

M. x soulangeana ist einer der bezauberndsten und schönsten einer Familie zumeist laubwechselnder Bäume und Sträucher, mit großen kelchförmigen Frühjahrsblüten, in Farbvarianten von weiß und dunkelrosa bis violettpurpur. Die gedrungenere *M. stellata* mit ihren sternförmigen, reinweißen Blüten (im Frühjahr) ist ein idealer Strauch für kleinere Gärten. Magnolien gedeihen in jedem guten humusreichen Boden (kein Kalkboden), vor starkem Nord- oder Ostwind geschützt. Alle Magnolien wachsen sehr langsam.
○ ◐ H 3–6 m, B 3–4 m
✄ Wildwuchs im Frühjahr ausdünnen
⚘ Halbreife Stecklinge im Spätsommer, Ableger im frühen Frühjahr

MAHONIA (Mahonie)

Mahonien sind robuste, stattliche immergrüne Sträucher mit gestaffelten Lagen glänzender, stechpalmenartiger Blätter. Als schöne Hintergrundpflanzen für den Sommer haben die Mahonien im Winter ihren großen Auftritt, wenn die großartigen Büschel goldener Blüten erscheinen. *M. x media* »Winter Sun« ist eine besonders attraktive Pflanze mit leuchtend gelben Blüten an gebogenen Trieben. Es gibt auch glattblättrige Formen mit kugeligen Blüten. Mahonien gedeihen auf fruchtbarem humusreichem und feuchtem, aber durchlässigem Boden.
○ ◐ ● H 2–4 m, B 1–4 m
✄ Wildwuchs im Frühjahr auslichten
⚘ Halbreife Stecklinge im Spätsommer

MALUS (Holzapfel) ☆

Holzäpfel sind ideale Zierbäume für kleine Gärten. Verlässlich und anspruchslos, tragen sie im Frühjahr Büschel weißer, rosa oder karmesinroter Blüten, auf die eine Fülle kleiner glänzender Früchte folgt, die sich bis in den Winter halten können. Die satt gelben Früchte der »Golden Hornet« sind besonders attraktiv, während »John Downie« die besten Früchte für Marmeladen liefert. »Royalty« ist eine schöne Form mit violetten Blättern.
○ H und B 4–8 m
✄ Keiner
⚘ Im Herbst im Freien ausgesäte Samen (Samen benannter Hybriden entwickeln sich nicht typgerecht)

NARCISSUS (Narzisse)

Kaum eine Frühjahrsblüte wird so herbeigesehnt wie die der Narzisse. Diese Zwiebelpflanzen sind bemerkenswert vielseitig, mit Varietäten für Beete, Rabatten, Töpfe, Kübel und sogar Blumenampeln. Die kleineren Varietäten werden meist als »Narzissen« bezeichnet, die größeren Hybriden als »Osterglocken«. Eine Kombination aus früh, mittel und spät blühenden Arten bietet ununterbrochene Blütenpracht vom Spätwinter bis zum späten Frühjahr. *N.* »February Gold« blüht zum Beispiel besonders früh, während die schön duftende, weiße *N. poeticus* auch im Frühsommer noch blühen kann.
○ ◐ H 10–50 cm
✄ Welke Blütenköpfe abnehmen; absterbende Blätter Mitte Frühjahr abschneiden
⚘ Teilung im Frühsommer

PAEONIA (Pfingstrose, Päonie)

Die Blütezeit der Pfingstrosen (spätes Frühjahr bis Frühsommer) ist zwar relativ kurz, aber prächtig, und daher lohnt die Pflanzung selbst im kleinsten Garten. Die gefüllten Varietäten wie die rosa »Bowl of Beauty« und die rote »Felix Crousse« sind die schönsten und duften oftmals hinreißend. Auch das eingeschnittene Blattwerk ist attraktiv und nimmt eine rötliche Herbstfärbung an. Auf fruchtbarem Boden pflanzen und die schweren Blüten stützen. Pfingstrosen müssen ungestört sein – man kann sie zwar aufnehmen und teilen, aber evtl. blühen sie dann mehrere Jahre nicht mehr.
○ H und B 75 cm–1 m
✄ Abgeblühte Blütenstängel entfernen
⚘ Teilung im frühen Frühjahr oder späten Herbst

PARTHENOCISSUS (Jungfernrebe) ☆

Diese kraftvollen kletternden Pflanzen sind besonders nützlich, um ganze Mauern damit zu verdecken. Die Herbstfärbung ist spektakulär und reicht von Rot über Bronze bis Violett. Die apfelgrüne *P. henryana* ist mit ihren weiß geäderten Blättern, die sich im Herbst leuchtend rot verfärben, besonders dekorativ. Bei der Pflanzung ist eine gute Bodenvorbereitung unerlässlich.

Philadelphus »Belle Etoile«

○◑ H 10–20 m

✂ Unerwünschten Wuchs im Sommer oder frühen Winter entfernen

✿ Grüne Stecklinge im Frühsommer oder Winter, Hartholzstecklinge im Spätherbst, Ableger im Frühjahr

PHILADELPHUS (Pfeifenstrauch, Falscher Jasmin, Sommerjasmin)

Der zu Recht beliebte Pfeifenstrauch ist ein robuster, anspruchsloser Strauch für den Schatten. Er trägt im Frühjahr und Frühsommer Unmengen duftender weißer Blüten an sich biegenden Trieben. Die ungefüllten Varietäten wie *P.* »Belle Etoile« mit ihrer blass violetten Zeichnung an der Basis jedes Blütenblatts sind besonders schön.

○◑ H und B 1–3 m

✂ Abgeblühte Triebe zurückschneiden und im Sommer bei zu dichtem Wuchs einige ältere Triebe auslichten

✿ Grüne Stecklinge im späten Frühjahr oder Frühsommer, Hartholzstecklinge im Spätsommer

PHLOX (Flammenblume)

P. paniculata ist eine farbenfrohe, verlässliche Rabattenstaude und wächst zu einem beachtlichen Büschel. Zwischen Hochsommer und Frühherbst erscheinen lange Blütenstände in einer Vielfalt von Färbungen, die zu jedem Pflanzschema passen. Die kompakte, rosa getönte »Mother of Pearl« ist besonders attraktiv. Benötigt auf trockenem Boden bei heißem Wetter regelmäßiges Gießen, damit die Blüten nicht herabhängen.

○ H 75–90 cm, B 60–90 cm

✂ Welke Blüten entfernen, um die Blüte zu verlängern und im Spätherbst bis zum Boden zurückschneiden

✿ Teilung im zeitigen Frühjahr oder Spätherbst

Phlox paniculata »Mother of Pearl«

PRUNUS (Zierkirsche)

P. serrula ist ein dekorativer kleiner Baum mit kuppelförmiger Gestalt, der ganzjährig interessant ist mit seiner seidig glänzenden, kastanienbraunen Borke. *P. serasifera* »Nigra« (syn. *P. c.* »Pissardii Nigra«) zeigt im Frühjahr viele rosa Blüten, auf die dunkel violett gefärbte Blätter folgen, zu denen besonders gut niedrigere, goldblättrige Sträucher passen. Beide Arten sind laubwechselnd.

○ H und B 10 m

✂ Wildwuchs an der Stammbasis entfernen

✿ Halbreife Stecklinge im Hochsommer

PULMONARIA (Lungenkraut)

Trotz ihres befremdlichen Namens sind es attraktive und pflegeleichte krautige Stauden. Im Frühjahr erscheint eine Vielzahl rosa, rot, blau oder weiß gefärbter Blüten. Wenn diese absterben, treten dichte Blattrosetten in Erscheinung, die bei vielen Varietäten blass grün, weiß marmoriert oder gefleckt sind. Die korallenrote *P. ubra* »Redstart« ist eine der frühesten und kann schon im Winter blühen. Sie bilden große Büschel und säen sich frei aus.

○◑ H 30 cm, B 45 cm

✂ Keiner

✿ Teilung nach der Blüte oder im Spätherbst

PYRACANTHA (Feuerdorn)

Die pflegeleichten, immergrünen Sträucher werden wegen ihrer Unmengen lang haltender roter, oranger oder gelber Beeren geschätzt. Eine der produktivsten ist »Orange Glow«. Feuerdorne wirken besonders attraktiv vor einer Wand oder um eine Tür herum gezogen, sie eignen sich aber auch als undurchdringliche Hecke. Bei der Arbeit an der Pflanze empfehlen sich Handschuhe als Schutz gegen die beeindruckenden Dornen. Ein fruchtbarer, durchlässiger Boden und ein geschützter Standort sind wichtig.

Pulmonaria rubra »Redstart«

○◑ H 2–3 m, B 2–4 m

✂ Exemplare an einer Wand im Früh- oder Hochsommer zurückschneiden. Im Hochsommer unansehnlichen Wuchs von frei stehenden Pflanzen entfernen

✿ Halbreife Stecklinge im Sommer

RHODODENDRON (Rhododendron oder Azalee)

Da ihre Blütezeit (Mitte bis Ende Frühjahr) relativ kurz ist, werden die immergrünen Rhododendren und Azaleen vor allem wegen ihres kräftig gefärbten Blattwerks im Winter geschätzt. Es gibt viele Zwergformen wie die beliebte »Vuyk's Scarlet«. Sie sind ausgesprochen attraktiv, wenn sie blühen und wirken daher oftmals am schönsten, wenn sie einzeln und vor allem im durchbrochenen Schatten stehen. Alle Rhododendren und Azaleen benötigen sauren Boden.

○◑ H und B 1–3 m

✂ Keiner

✿ Halbreife Stecklinge im Spätsommer, Ableger im zeitigen Frühjahr

RIBES (Blühende Johannisbeere)

R. sanguineum ist ein verlässlicher, pflegeleichter Strauch für das Frühjahr, wenn er hängende Trauben fuchsienähnlicher Blüten trägt. Die satt rote »Pulborough Scarlet« und die reinweiße »Tydeman's White« sind besonders schön. »Brocklebankii« hat leuchtend goldene junge Blätter, die im Sommer zu einem helleren Gold verblassen.

○ H 1,2–3 m, B 1,2–2,5 m

✂ Abgeblühte Triebe und einige der älteren Stämme im späten Frühjahr entfernen

✿ Hartholzstecklinge im Spätherbst

ROBINIA (Scheinakazie) ☆

Die laubwechselnde *R. pseudoacacia* »Frisia« ist einer der schönsten kleinen Bäume mit

Sedum spectabile

Sorbus vilmorinii

Thymus serphyllum »Pink Chintz«

einer Fülle akazienartiger Blätter, die sich im Frühjahr hell golden färben und zu einem frischen Gelbgrün reifen. Ihre Farbe und der elegante Habitus machen Sie zu einem idealen Solitär. Sie gedeiht auf jedem Boden, sollte aber geschützt stehen.

○ H 10 m, B 6 m

✂ Kein regelmäßiger Rückschnitt, aber im Spätsommer sollten die Äste ausgelichtet werden, um einen Saftverlust zu verhindern

✂ Grünblättrige *R. pseudoacacia* aus Samen im Sommer

ROSA (Rose)

Dank ihrer Vielfalt finden sich Rosen für jeden Geschmack und jede Lage – von Kletter- und Schlingpflanzen für Mauern und Pergolas bis hin zu bezaubernden Bodendeckern für einen Hang. Daneben gibt es auch noch wunderbare Miniaturformen, die in Kübeln auf der Terrasse gedeihen. Nehmen Sie möglichst krankheitsresistente Sorten. Rosen brauchen fruchtbaren, durchlässigen Boden und einen offenen Standort.

○ H und B: Kletterer und Schlinger H 3–10 m, B 2–6 m; Buschrosen H 30 cm–2,2 m, B 30 cm–1 m; Strauchrosen H 1–2 m, B 60 cm–2 m

✂ Kletterrosen *siehe S. 93*; Schlingrosen *siehe S. 75*; alle anderen *siehe S. 19*

✂ Hartholzstecklinge im Spätherbst. Tee-Hybriden und Floribunda-Rosen können schwierig zu vermehren sein

SALIX (Weide) ☆

Die Weidenfamilie umfasst mächtige laubwechselnde Bäume und kompakte Sträucher in einer Vielfalt von Formen. In größeren Gärten gibt die Trauerweide *Salix babylonica* var. *pekinensis* »Tortuosa« mit ihren gewellten Ästen, Zweigen und Blättern einen beeindruckenden Solitär ab. Die drahtig hängende Salweide (*S. caprea* »Kilmarnock«) und die silberblättrige *S. exigua* sind dekorative Gewächse für kleinere Gärten. Alle Weiden benötigen tiefen, feuchten, aber durchlässigen Boden und vertragen keine Kalkböden.

○ H und B 2–15 m

✂ Unerwünschten Wuchs bei der Salweide im Spätwinter entfernen, um den hängenden Habitus zu wahren

✂ Hartholzstecklinge im Spätherbst und Stecklinge in Wasser im Hochsommer

SAMBUCUS (Holunder)

Der Schwarze Holunder (*S. nigra*) ist ein bezaubernder laubwechselnder Baum und es gibt viele leicht zu ziehende Gartenhybriden. Die Blätter von *S. nigra* »Guincho Purple« sind tief schwarz-violett und bilden einen schönen Kontrast zu den rosa getönten Blütenköpfen. *S. racemosa* »Sutherland Gold« ist eine schöne fiederblättrige goldene Sorte für die Sonne,während die ähnliche *S. r.* »Plumosa Aurea« den Schatten bevorzugt.

○◑ H und B 2,5–5 m

✂ Goldene Varietäten im Spätwinter oder zeitigen Frühjahr für größere, leuchtendere Blätter hart zurückschneiden

✂ Hartholzstecklinge im Spätherbst

SAXIFRAGA (Steinbrech)

Steinbreche zählen zu den anspruchslosesten Steingartenpflanzen und eine einzelne Pflanze wird sich in kurzer Zeit zu einem beachtlichen Polster ausbreiten. Die Vielzahl der Blattfarben und -formen von fiedrigem Gold bis zu sukkulentenartigem Silber ist erstaunlich. Außerdem besitzen viele Arten auch sehr attraktive Blüten wie etwa die hübsche rosa *S. x irvingii* »Jenkinsiae«. Alle brauchen unbedingt gut durchlässigen Boden. Wirken auch gut in Kübeln.

○◑ H (in Blüte) 5–45 cm, B 10–30 cm

✂ Verwelkte Blüten entfernen

✂ Nicht blühende Rosetten im späten Frühjahr abnehmen, untere Blätter entfernen und zum Anwachsen in Töpfe mit gut durchlässigem Boden setzen

SEDUM (Fetthenne, Mauerpfeffer)

Pflegeleichte, Polster bildende sukkulente Pflanzen für Rabatten und Steingärten. Kultivare von *S. spectabile* sind mit ihren auffälligen Blütenköpfen im Herbst ideal für sonnige Rabatten. Alpine Steinbreche sind unterschiedlich in Form und Farbe und die einzige, die es zu meiden gilt, ist *S. acre* (Scharfer Mauerpfeffer), die sehr invasiv sein kann. Alle Steinbreche brauchen gute Drainage.

○ H (in Blüte) 5–45 cm, B 15–60 cm

✂ Verwelkte Blüten entfernen

✂ Teilung im zeitigen Frühjahr

SORBUS (Eberesche, Vogelbeere) ☆

Ebereschen sind robuste, pflegeleichte und dekorative laubwechselnde Bäume für jeden Garten. Auf die weiße Frühlingsblüte folgen große Büschel roter, weißer oder gelber Blüten; die weißen und gelben halten sich bis in den Winter. Die gefiederten Blätter verfärben sich im Herbst sehr schön.

○◑ H 5–10 m, B 5–8 m

✂ Keiner

✂ Halbreife Stecklinge im Hochsommer

SPIRAEA (Spierstrauch)

Die sommerblühende *S. japonica* ist ein guter, anspruchsloser, laubwechselnder Strauch für eine sonnige Rabatte mit lang blühenden rosa oder weißen Blüten. Die Sorten mit buntem Laub sind besonders attraktiv; die kompakte *S. j.* »Golden Princess« bewahrt ihr leuchtendes Gold den gesamten Sommer. Gedeiht am besten auf halbwegs feuchtem, fruchtbarem Boden.

Tulipa kaufmanniana

Vitis vinifera »Purpurea«

Weigela »Florida Variegata«

○ H 45 cm–1,5 m, B 60 cm–1,5 m
✂ Im zeitigen Frühjahr auslichten und zurückschneiden
⚲ Halbreife Stecklinge im Sommer

TAXUS (Eibe) ☆

T. baccata (Gemeine Eibe) ist eine der schönsten Heckenkoniferen: dicht mit immergrünem Blattwerk und von satt dunklem Grün. Als dunkler Akzent für den Garten empfiehlt sich *T. b.* »Fastigiata«, die eine hohe Säule mit mehreren Spitzen bildet. Alle Eiben sind langsam wachsend, robust und anspruchslos. Sie gedeihen auf kalkigem und saurem Boden und tolerieren Wind, volle Sonne und Schatten. Beeren und Nadeln sind giftig.
○ ◐ ● H 6 m, B 2–8 m (ungestutzt)
✂ Hecken nach Bedarf stutzen. Überwucherte Hecken im Frühjahr verjüngen
⚲ *T. baccata* aus Samen, andere Varietäten aus halbreifen Stecklingen im Spätsommer

THYMUS (Thymian)

Zusätzlich zu der kulinarischen Verwendung ist Thymian auch eine schöne, pflegeleichte Pflanze für gut durchlässige Böden, wo er dichte Kissen winziger, aromatischer Blätter bildet. Die Blattfarben variieren von Grün über Gold und Silber bis zu Grau. Der goldene *T. x citriodorus* »Aureus«, der silbern panaschierte *T. vulgaris* »Silver Posie« und der graugrüne *T. serpyllum* »Pink Chintz« sind ebenso dekorativ. Die rosa, violetten oder weißen Blüten sind eine gute Pollenquelle für Bienen. Nicht alle eignen sich zum Verzehr, aber zwei der besten sind *T. vulgaris* (Gartenthymian) und *T. x citriodorus* (Zitronenthymian) – mit ihren Kultivaren. Gut für Wegränder und sehr schön in Töpfen.
○ H (in Blüte) 10–30 cm, B 15–45 cm
✂ Nach der Blüte stutzen
⚲ Teilung im Frühjahr

TULIPA (Tulpe)

Tulpen sind wertvolle Frühjahrszwiebeln, die uns im Frühling mit allen denkbaren Farben und Formen erfreuen. Die kleinen Tulpen der Kaufmannia-Gruppe zählen zu den frühesten und eignen sich hervorragend für Töpfe und Blumenkästen. Für Beete und Rabatten gibt es eine ganze Reihe höherer Tulpen, von den formal aufrechten ungefüllten Varietäten wie der tief kastanienbraunen »Queen of Night« bis zu den üppig gefüllten wie der rosa »Angélique«. Sie müssen 15 cm tief gesetzt werden, um gut anzuwachsen. Tulpen bevorzugen einen fruchtbaren, gut durchlässigen Boden mit Schutz vor starkem Wind.
○ H 10–60 cm
✂ Verwelkte Blüten entfernen und abgestorbene Blätter ausschneiden
⚲ Teilung im Frühsommer

VIBURNUM (Schneeball) ☆

Diese Familie von Sträuchern beinhaltet viele leicht zu ziehende Pflanzen von herausragender Schönheit. Hervorragende Arten für Winterfarbe sind die attraktive rosa blühende *V. x bodnantense* »Dawn« und die weiß blühende laubwechselnde *V. tinus* »Eve Price« – beide blühen über einen langen Zeitraum zwischen Winter und zeitigem Frühjahr. Eine gute Wahl für das späte Frühjahr und den Sommer ist *V. sargentii* »Onondaga« mit bronzefarbenen jungen Blättern und unzähligen matt rosa Blütenköpfchen.
○ ◐ H 2,5–3 m, B 2–3 m
✂ Unerwünschten Wuchs im Frühjahr auslichten
⚲ Halbreife Stecklinge im Sommer

VITIS (Rebe)

Es gibt viele dekorative Rebenarten. Wenn Platz vorhanden ist, ist die kräftige *V. coignetiae* eine besonders schöne Kletterpflanze, deren große, herzförmige Blätter sich im Herbst feuerrot färben. *V. vinifera* »Purpurea« ist zurückhaltender und die gelappten Blätter sind im Sommer bordeauxrot und verfärben sich im Herbst zu tief violetten Schattierungen.
○ ◐ H 6–15 m
✂ Bei Bedarf im frühen Winter zurückschneiden
⚲ Ableger im zeitigen Frühjahr

WIEGELA (Weigelie)

Ein anspruchsloser laubwechselnder Strauch für das späte Frühjahr und den Frühsommer, wenn er glockenförmige Blüten in allen Schattierungen von Weiß bis zu tief Rot trägt. Die schönsten Weigelien sind die weiß panaschierten Formen wie *W. praecox* »Variegata« und *W.* »Florida Variegata«, die auch im Sommer interessant sind.
○ ◐ H 2,5 m, B 2–2,5 m
✂ Nach der Blüte ältere Stämme und Blütentriebe auslichten
⚲ Halbreife Stecklinge im Sommer, Hartholzstecklinge im Herbst

WISTERIA (Glyzine, Blauregen)

Die kaskadierenden weißen, rosa oder tiefblauen Blüten der Glyzine sind im späten Frühjahr und Frühsommer wirklich spektakulär. Sorgfältige Erziehung und zweimaliger Beschnitt im Jahr sind für eine maximale Blüte wichtig. *W. sinensis* ist eine kraftvolle Pflanze, *W. floribunda* eher kompakt. Die Blüten von *W. f.* »Macrobotrys« können 90 cm –1,2 m lang werden. Blauregen braucht einen geschützten, nach Süden oder Westen orientierten Standort.
○ ◐ H 8–20 m
✂ Seitentriebe im Spätsommer und Spätwinter stutzen (*siehe S. 74 und 117*)
⚲ Ableger im Frühjahr

Glossar

Ableger Eine Jungpflanze, die sich an der Basis der Mutterpflanze bildet, z. B. kleine Zwiebeln, die sich um die Mutterzwiebel herum bilden und sich nach und nach zu eigenständigen Pflanzen entwickeln.

Absenken Eine Vermehrungsmethode für holzige Pflanzen, bei der ein Trieb angeregt wird, Wurzeln zu treiben, während er noch mit der Mutterpflanze verbunden ist. In der Regel wird der Trieb am Boden fixiert und dann mit Erde bedeckt.

Alkalischer Boden Boden mit einem pH-Wert von über 7. Kalkhaltige Böden sind sehr alkalisch.

Alpinpflanze Ein weit gefasster Sammelbegriff für alle Pflanzen, die für einen Steingarten geeignet sind.

Anzuchtkasten Ein beheizter oder unbeheizter Kasten mit durchsichtigem Deckel, in dem Sämlinge und Stecklinge aufgezogen werden.

Astgerüst Die permanenten Haupttriebe eines Baums oder Strauchs oder einer Kletterpflanze wie der Glyzine.

Auge Die Stelle der Pflanze, aus dem ein neuer Trieb wächst, d. h. Knospe oder Knospenansatz.

Ausdünnen, Auslichten Überschüssiges Pflanzenmaterial, z. B. zu dicht stehende Sämlinge und zu dichten Wuchs an Sträuchern und Bäumen, entfernen.

Ausknipsen, Ausgeizen Die Wuchsspitze des Haupttriebs einer Pflanze entfernen, um verzweigtes Wachstum zu fördern. Kann auch an Seitentrieben angewendet werden.

Ausläufer Ein Trieb, der auf dem Boden verläuft und an einer oder mehreren Stellen wurzelt und neue Pflanzen ausbildet, z. B. Erdbeeren.

Auspflanzen Sämlinge aus ihrem Anzuchttopf oder Saattablett in einen größeren Topf umpflanzen.

Belüften Auflockern des Bodens, um Luft hinein lassen, z. B. mit einem Lochstecher.

Bestäubung Tätigkeit der Insekten oder des Windes. Pollen werden von einer männlichen zu einer weiblichen Blüte zum Zweck der Befruchtung gebracht.

Biologische Kontrolle Schädlingsbekämpfung ohne Chemie unter Verwendung natürlicher Feinde der Schädlinge.

Bodendecker Jede Pflanze, die eine dichte Blätterdecke erzeugt, unter der Unkraut erstickt wird.

Deckschicht aufbringen Oberste Erdschicht in einem Kübel erneuern; organisches oder nicht organisches Material zur Düngung und Bodenverbesserung auf einem Rasen ausbringen; Dünger, Mulche oder Kiesel um Pflanzen verteilen.

Einjährige Eine Pflanze, die in einer einzigen Saison keimt, blüht, Samen streut und abstirbt.

Einzelpflanze (Solitär) Eine besonders auffällige Pflanze, die als Mittelpunkt einer Pflanzung oder an prominenter Stelle als von allen Seiten sichtbarer Blickfang gepflanzt ist.

Fungizid Chemikalie, die Pilze wie den echten Mehltau abtötet.

Furche Eine Rinne im Boden, in die Samen gesät wird.

Gartenvlies Ein leichter, nicht transparenter Vlies, der Pflanzen vor Frost und Schädlingen schützt.

Glocke Tragbare Abdeckung aus Glas, Plastik oder Polykarbonat zum Schutz von Früchten gegen Frost und zur Erwärmung des Bodens vor dem Einpflanzen oder Aussäen.

Graben Ein Streifen tief ausgehobene Erde.

Haupttrieb Der Hauptstamm einer Pflanze, in der Regel der in der Mitte gelegene, höchste Trieb.

Holzige Pflanze Ein Strauch oder Baum mit faserigem Stamm (Stämmen), der sich das ganze Jahr hindurch oberirdisch hält.

Insektizid Jede proprietäre Chemikalie oder organisches Pestizid, das Insekten tötet, ohne die Pflanzen anzugreifen.

Kapillarmatte Ein synthetisches Material, das Wasser durch den Kapillareffekt transportiert.

Keimung Der Zeitpunkt, an dem ein Samenkorn zu wachsen beginnt.

Knolle Ein verdicktes, meist unterirdisches pflanzliches Speicherorgan, z. B. Kartoffel.

Knospe Der Punkt an einer Pflanze, aus der ein neuer Trieb wächst.

Kormus Aus Wurzel und Sprossachse bestehender Pflanzekörper, z. B. Krokus.

Krautig So bezeichnet man eine nicht holzige Pflanze, die im Winter bis zur Krone abstirbt.

Krone Bei einem Baum der obere, mehr oder weniger ausladende Teil. Bei einer krautigen Pflanze der Punkt, an dem neuer Wuchs im Frühjahr austritt.

Kronenschicht Das Ausmaß von Deckung durch Blätter und Zweige von Bäumen und Sträuchern.

Krume, Mutterboden Die obere fruchtbare Erdschicht.

Landschaftsfolie Ein gewobenes Kunststoffmaterial, das Unkräuter erstickt, aber wasserdurchlässig ist.

Langzeitdünger Ein Dünger, der seine Nährstoffe über einen längeren Zeitraum hinweg freisetzt.

Laubwechselnd Jede Pflanze, die ihre Blätter im Herbst abwirft.

Lehm Erde mit einer ausgewogenen Mischung aus Sand, Ton und organischem Material. Lehmerde kann abgepackt gekauft werden.

Mulch Material wie Rindenstücke, Kakaoschale, Kiesel oder Styropor, das auf der Erde verteilt wird, um Feuchtigkeit zu konservieren und Unkräuter zu unterdrücken. Organische Mulche liefern zusätzlich Nährstoffe und verbessern die Bodenstruktur.

Naturalisieren Pflanzen so wachsen lassen, dass sie aussehen, als ob sie in der Wildnis stünden, z. B. Osterglocken (*Narcissus*) in Gras.

Nicht völlig winterhart Eine Pflanze, die einige Grad Frost toleriert, aber keinen strengen Frost verträgt.

Nicht winterhart Eine Pflanze, die bei Frost eingeht.

Organisches Material Eine weite Bandbreite natürlicher Materialien, wie selbst gemachter Kompost und gut verrotteter Stalldung, die als Mulch verwendet oder zur Bodenverbesserung unter die Erde gemischt werden.

Pestizid Jede proprietäre Substanz, die Schädlinge und Milben tötet.

Pfropfen Eine Vermehrungsmethode, bei der zwei Pflanzen miteinander verbunden werden. So sind beispielsweise die meisten Rosen auf kräftige wilde Rosenstöcke aufgepfropft; und viele hängende Bäume werden auf die Wurzeln und Stämme einer anderen, verwandten Varietät gepfropft.

pH-Wert Maßeinheit für den Gehalt an Säuren und Basen im Boden, der zu bestimmen hilft, welche Pflanzen in welchem Boden gepflanzt werden können.

Rasenfilz Eine Lage toten organischen Materials (in der Regel geschnittenes Gras und abgestorbenes Moos) die sich auf der Grasnarbe ansammelt.

Rhizom Ein gewöhnlich dicht unter der Erde kriechender, holziger Stamm, der Energie speichert und Blätter und Wurzeln über seine gesamte Länge bilden kann.

Ruhephase Eine Zeit, in der die Pflanze keine Anzeichen von Wachstum zeigt.

Sauer Ein kalkarmer Boden, d. h. mit hohem Säureanteil.

Sauerstofferzeuger Untergetauchte Teichpflanze, die Sauerstoff ans Wasser abgibt.

Saurer Boden Boden mit einem pH-Wert von unter 7, was für Pflanzen wie Rhododendren wichtig ist. Der pH-Wert des Bodens lässt sich mit einem einfachen Testset bestimmen.

Solitär *siehe* Einzelpflanze

Sporn Ein kurzer Zweig, der Blüten trägt. Normalerweise wird der Begriff im Zusammenhang mit Obstbäumen verwendet.

Standardbaum Ein Baum mit mindestens 2 m hohem nacktem Stamm unter den Zweigen oder ein Strauch, der an einem Einzelstamm erzogen wurde.

Staude Jede Pflanze, die mindestens drei Saisonen gedeiht, wobei die meisten diese Zeit weit überschreiten.

Staunass Boden, der mit Wasser gesättigt ist, das nur langsam oder gar nicht abfließt.

Stecklinge Planzenteile, die zur Anzucht neuer Pflanzen eingetopft werden.

Systemisch Jedes Pestizid oder Fungizid, das in das System einer Pflanze aufgenommen wird und längeren Schutz bietet als die Kontaktgifte.

Teilung Vermehrung von kissen- oder gruppenbildenden Pflanzen, indem man Knolle oder Wurzeln teilt.

Tonscherben Scherben eines Tontopfs, die z. B. in einen Terrakottatopf gelegt werden, um die Drainage zu verbessern.

Torf Feuchtigkeitsbindende, saure Erde, die aus Torfmoor gewonnen wird. Viele Substrate basieren auf Torf, aber auch Torfersatz, der wesentlich umweltfreundlicher ist, ist erhältlich.

Transpiration Wasserverlust durch Verdunstung von der Blattoberfläche.

Überwintern Nicht winterharten Pflanzen Schutz im Winter geben, die im folgenden Sommer wieder eingepflanzt werden können, z. B. Geranie (*Pelargonium*).

Uferpflanze Eine Pflanze, die in flachem Wasser am Rand eines Teichs steht.

Umtopfen Eine Pflanze in einen größeren Topf verpflanzen.

Untergrund Der Boden unter der Krume, in der Regel dichter und weniger fruchtbar.

Vermehrung Zuchtmethoden für Pflanzen, durch Samen, Zwiebeln, Stecklinge, Teilung und Absenken, Ablegen.

Vermiculit Leichtes, glimmerähnliches Material. Ermöglicht gute Wasserspeicherung und Durchlüftung.

Vertikutieren Entfernung von Moos und totem Gras aus dem Rasen mit Hilfe einer Harke oder eines Vertikutierers.

Wasserbindende Kristalle Zuckerähnliche Kristalle, die zu einem Gel anschwellen. Unter die Erde gemischt, wirken sie wie winzige Wasserspeicher und helfen, Feuchtigkeit zu konservieren.

Wasserpflanze Jede Pflanze, die im oder auf dem Wasser gedeiht oder ihre Wurzeln unter der Wasseroberfläche und das Blattwerk darüber trägt.

Wildling Wuchs aus dem Wurzelstock einer gepfropften Pflanze. Auch jeder unterirdisch entspringender Wuchs an einer Pflanze aus ihrer eigenen Wurzel.

Winterhart, Robust Eine Pflanze, die ungeachtet strenger Fröste im offenen Garten überlebt.

Wurzelnackt Laubwechselnde, holzige Pflanzen, die in ihrer Ruhephase im August oder frühen Winter ausgegraben und ohne Erde an den Wurzeln verkauft wird.

Wurzelstock Das Wurzelsystem einer Pflanze, die auf den Stamm einer anderen gepfropft wurde. Viele Rosen sind auf die Wurzelstöcke wilder Rosen gepfropft, um ein kraftvolleres Wurzelsystem zu erhalten.

Zurückschneiden Sammelbegriff für den Rückschnitt von Pflanzenteilen, etwa Blüten oder Triebe.

Zweijährige Eine Pflanze, die in ihrem ersten Jahr Blätter produziert, in ihrem zweiten Jahr blüht und dann abstirbt.

Zwiebel Unterirdisches pflanzliches Speicherorgan aus fleischigen Blättern.

Zwischenfrucht Eine schnell reifende Fruchtsorte, die zwischen langsam reifende gesetzt wird, um so den Bodenertrag zu steigern.

Index

Danksagung

Der Verlag dankt folgenden Organisationen und Personen für die freundliche Bereitstellung ihres fotografischen Materials:

Jonathan Buckley 56–57, 73; Frank Lane Picture Agency/Ray Bird 72; Garden Picture Library/John Baker 113, /John Bouchier 86, /Mark Bolton 138 links, /Linda Burgess 6, 92, /Brian Carter 26, /Erika Craddock 100 oben rechts, /Ron Evans 100 unten, 118, /Vaughan Fleming 126, /Christopher Gallagher 40, /John Glover 21, 35, 65, 109, 116 oben rechts, 116 unten rechts, 123, 139 links, /John Glover/The Anchorage, Kent 37, /Sunniva Harte 31, 58, /Michael Howes 96, 107, /Neil Holmes 80–81, 82, 103 unten rechts, 128 unten rechts, 136 Mitte, /Jacqui Hurst 43, /Roger Hyam 16, /Lamontagne 117 oben rechts, /Jane Legate 39, /Mayer/Le Scanff 12–13, 41, 44 unten, 49 oben links, 50, 86, 90 unten rechts, /Clive Nichols/Coates Manor Garden, Sussex 134 links, /Howard Rice 114–115, /Gary Rogers 131, /J S Sira 2, /Frederich Strauss 77, /Brigitte Thomas 28, /Juliette Wade 63, 110, /Mel Watson 79, 97, / Didier Willery 75, /Steven Wooster 55, 95, 106, /John Glover 1, 45, 48, 54, 66, 90 oben rechts, 139 Mitte; Holt Studios International/Nigel Cattlin 101; Anne Hyde 4–5, 70, 105, 119; Andrew Lawson Photography 23, 32, 52, 53, 62, 64 unten rechts, 68, 71, 87, 133 rechts, 135 rechts, 135 Mitte, 136 rechts, 137 rechts, 138 rechts, /Designer: Jonathan Baillie 76, /Rofford Manor 122; Octopus Publishing Group Ltd/Sue Atkinson 94, /Paul Barker 130, /Jerry Harpur 139 rechts, /Stephen Robson 74 oben, /Stephen Robson/Sooke Harbour House 42; NHPA/Stephen Dalton 104; Clive Nichols Garden Pictures 14, 17, 20, 74 unten rechts, 88, 98, 99, 102, 111, /Cecil & Yvonne Bicknell 59, /Designer: C. Cordy 112, /Mr. Fraser/J. Treyer-Evans 67, /The Old School House, Essex 25, /Graham Strong 85; Photos Horticultural 1, 15, 18, 19, 22, 24, 29, 30, 46, 47, 60, 61, 64 oben rechts, 69, 78, 84, 89, 120, 121, 124, 127, 129, 132, 133 links, 133 Mitte, 134 Mitte, 134 rechts, 135 links, 136 links, 137 links, 138 Mitte; Derek St. Romaine 93; Harry Smith Collection 108; Jo Whitworth 33.

Dank gebührt weiterhin Polly Boyd für ihre redaktionelle Hilfe.